边坡工程
数据感知与智慧决策

李建光　张紫杉　何吃雄　张馨方　**编著**

王笃礼　**审**

中国建筑工业出版社

图书在版编目（CIP）数据

边坡工程数据感知与智慧决策 / 李建光等编著.
北京：中国建筑工业出版社，2024. 12. -- ISBN 978-7-
112-30246-8

Ⅰ. U416.1-39

中国国家版本馆 CIP 数据核字第 2024KY2997 号

责任编辑：杨　允
责任校对：李欣慰

边坡工程数据感知与智慧决策

李建光　张紫杉　何屹雄　张馨方　编著

王笃礼　审

＊

中国建筑工业出版社出版、发行（北京海淀三里河路 9 号）

各地新华书店、建筑书店经销

国排高科（北京）人工智能科技有限公司制版

北京中科印刷有限公司印刷

＊

开本：787 毫米×1092 毫米　1/16　印张：9　字数：208 千字

2024 年 12 月第一版　　2024 年 12 月第一次印刷

定价：**68.00** 元

ISBN 978-7-112-30246-8

（43735）

计算机技术和人工智能技术的迅猛发展对各个领域产生了深远的影响。计算机技术的发展使数据处理能力得到了极大的提升，而人工智能技术的发展则为数据分析提供了新的方法和工具。在岩土工程领域，近年来，计算机技术与人工智能技术的发展，为我们提供了强有力的武器，为突破传统岩土力学的研究方案提供了必要的理论基础与技术路径，顺应"中国智造 2025"发展战略，全面提升岩土工程项目数字化、智能化水平。人工智能技术的发展主要体现在算法和模型的进步上。机器学习、深度学习等技术的出现，使得计算机能够从海量数据中学习和提取有价值的信息。在岩土工程领域中，人工智能技术已经被广泛地应用在岩土力学模型建立、监测数据分析预警、危险位置识别、工程设计优化等各个方面。

针对边坡工程，包括自然形成的山地边坡与人工开挖的工程边坡，由于其具有自然环境的不确定性与工程条件的复杂性，工程人员通常需要在危险环境中进行作业，同时其感知数据通常具有多样性、复杂性和动态性的特点，这给工程的安全带来了极大的挑战。因此，如何高效地对边坡信息进行感知分析，最终得到科学的决策结果是边坡工程大数据分析的关键技术。通过各种感知和监测设备，对边坡工程中的各类数据进行实时采集和感知，可以高效获取原位感知信息，为决策提供数据基础。同时，利用 AI 技术对感知数据进行系统性处理的智慧决策，可以有效解决边坡感知数据冗余、异构、难分析等各类问题，可以有效地对各类数据进行协同分析，高效获取具有工程参考价值的分析结果。

基于上述内容体系，本书相关研究致力于建立可以协同多源异构岩土数据智慧感知与智慧决策的综合分析体系。本书以具体的边坡工程为切入点，结合数据感知 + 智慧决策的思想，进行全方位的数据协同与深度挖掘，寻找既有边坡监测项目中位移变形数据与环境因子、地质巡视特征数据之间的内在关联，实现复杂条件下边坡评估与未来变形发展趋势预测，为边坡设计的优化、评估、预警提供必要的理论依据与数据支持。本书一共分为 8 章，第1 章主要介绍了边坡工程数字化与智能化的发展现状；第 2 章介绍了边坡工程数据感知体系的基本内容，包括感知体系、感知设备、数据传输、数据处理等内容；第 3 章介绍了智慧决策的相关知识；第 4～6 章分别从智慧识别、智慧评估、智慧预测三个大的方面介绍了边坡工程智慧决策的相关算法与实现路径；第 7 章介绍了数据感知体系与智慧决策算法在相应工程智慧平台上的应用；第 8 章以具体的边坡监测项目为案例，介绍了从数据感知到智慧决策全流程分析的实现过程。在编写过程中查阅和引用了国内外一些专家和学者有关数据感知与智慧决策的研究成果，在此表示衷心感谢！

智能岩土工程属于新兴的研究方向，多数研究处于方兴未艾的阶段。笔者水平有限，书中难免有不足之处，欢迎广大读者批评指正。

CONTENTS 目 录

第 1 章

绪论

1.1　智慧边坡工程进展

1.1.1　岩土工程面临新形势

在当今快速发展的技术时代，岩土工程领域正经历一场数字化和智能化的革命。这场革命不仅仅是技术上的飞跃，更是对传统工程实践的一次深刻变革。随着计算机技术、传感器技术和通信技术的发展，岩土工程领域有了更多的技术手段来进行监测和分析。计算机技术的飞速发展为岩土工程提供了强大的数据处理能力，使得复杂的数值模拟和分析成为可能。随着全球城市化进程的加快，对于更高、更大、更复杂的建筑和基础设施项目需求不断增长，这些项目往往涉及复杂的地质条件。现代建筑和基础设施项目的复杂性要求岩土工程师能够更准确地预测和管理地质风险。环境保护意识的增强要求岩土工程在设计和施工过程中必须考虑到对环境的影响，尽量减少对自然生态系统的破坏。通过使用数字化工具和智能算法，可以加快数据处理速度，提高工程设计和施工的效率。

数字化、智能化正在用以下方式改变岩土工程的传统实践。

（1）数据收集与分析：传统的数据收集依赖于人工测量，而现在，通过使用地理信息系统（GIS）、遥感技术和各种传感器，数据收集变得自动化和更加精确。智能算法可以处理和分析这些数据，提供更深入的洞察。

（2）设计与建模：以往的设计过程通常是线性和静态的，而现在，通过使用计算机辅助设计（CAD）和建筑信息模型（BIM），设计逐渐向动态和交互式变化。这些工具允许多方协同工作，并实时更新设计变更。

（3）施工监控：传统的施工监控主要依靠现场监督，而数字化智能化技术使得远程监控成为可能。例如，无人机可以用来监控施工现场，而物联网（IoT）设备可以实时监测结构的健康状况。

（4）风险管理：在传统实践中，风险评估往往是基于经验和定性分析的。数字化、智能化技术提供了更多定量分析工具，如机器学习和人工智能（AI），这些工具可以预测潜在的问题并提供风险缓解策略。

（5）维护与运营：传统的维护依赖于定期检查和维修。现在，通过使用智能传感器和预测性维护算法，可以预测何时何地可能会出现问题，并提前进行干预。

1.1.2　工作意义

中国是滑坡灾害最为严重的国家之一。据统计，超过 70 个城市和 460 个县区受到地质灾害的直接威胁，每年因此至少造成 40 亿~100 亿元的经济损失，其中滑坡灾害的占比超过 70%。同时，滑坡灾害也会对生态环境带来不可逆的影响。因此我国投入了大量的人力物力来进行相关问题的研究与治理，而传统方法已经明显无法适应时代的发展需求。

鉴于此，开展边坡智能化数据感知、分析、预测以及稳定性评估工作显得尤为关键。在智慧边坡工程管理中，感知技术提供了数据基础，分析则是实现预测和稳定性评估的必要手段。边坡评估作为滑坡灾害分析的核心，涵盖了空间和时间两个维度的预测。空间预测旨在识别潜在不稳定边坡的具体位置，而时间预测则基于空间预测结果，进一步预测滑坡发生的具体时刻。由于滑坡现象的复杂性，其预测一直是全球性的难题。边坡的破坏失稳过程可视为地质系统演变中的一个开放、不可逆、非线性、不稳定且随机的复杂过程。近年来，随着深度学习技术、大数据技术的持续发展，为边坡的智慧分析与决策提供了新的工具和手段。

1.1.3　工作难点

虽然科技的进步有效地推动着边坡工程发展，同时也应该关注到在工程智慧化发展过程中，还面临各种各样的挑战。

（1）数据质量与处理：地质数据的准确性对于边坡模型的预测能力至关重要。然而，由于自然条件的复杂性，数据往往存在误差。在某些情况下，数据可能会因为设备故障、环境因素或人为错误而不完整。来自不同来源和设备的数据可能存在格式和标准的不一致，需要进行标准化处理。

（2）算法开发与优化：边坡工程问题通常非常复杂，需要高度复杂的算法来模拟和分析。在某些应用中，如滑坡监测，需要算法能够实时处理和分析大量数据。算法需要能够适应不断变化的地质条件和环境因素。

（3）技术集成与兼容性：将新技术融入现有的工作流程和系统中可能会遇到技术兼容性问题。智能化解决方案需要在不同的硬件和软件平台上运行，这要求高度的兼容性和稳定性。

（4）硬件与设备：高精度传感器对于提供可靠数据至关重要，但这些传感器可能成本高昂且维护困难。边坡工程通常环境恶劣，设备需要具有良好的耐用性和可靠性。远程监测和数据传输依赖于稳定的网络连接，但在偏远或地下环境中可能难以实现。传输过程中的数据安全是一个重要考虑因素，需要防止数据被篡改或泄露。

（5）用户界面与交互设计：智慧化系统需要有直观易用的用户界面，以便工程师和技术人员可以轻松操作。系统应提供有效的用户反馈机制，以便用户可以及时了解系统状态和分析结果。

除了技术问题外，经济问题、人力问题、管理问题、法规问题等都制约着边坡工程智能化的发展。引入先进的智能化技术和设备需要显著的初期投资，企业可能对智能化技术的长期经济效益持怀疑态度，这可能影响投资决策；智能化需要专业技术人员来操作和维护，但这些专业人才可能短缺，现有员工需要接受新技能培训，以适应智能化带来的变化；智能化可能会改变传统的工作方式，需要有效的变革管理来确保平稳过渡，智能设备和系统可能会引发数据安全和隐私保护方面的担忧；现有的法律法规可能无法完全适应智能化带来的新情况，缺乏统一的行业标准来指导智能化技术的应用和评估。

由上述问题可见，边坡工程智能化的道路任重而道远。如何建立起一套全流程的智慧分析决策系统，通过集成化思路，将数据感知—数据分析—智慧决策串联到一起是亟待解决的问题。

1.2　数据感知发展现状

1.2.1　感知体系[1]

所谓"感知"，就是客观事物通过感觉器官在人脑中的直接反映，可分为"感"和"知"两个层次。前者指对各类刺激信号的接收，反映感知主体与环境客体的存在关系，后者是信息解读与破译，使内心获得各种感觉，如酸、麻、痛、晕、冷和暖等。人体感知所依赖的是分布于全身的神经系统，它们纤细、柔韧、敏感，其基本活动方式是反射，即对内外环境的各类刺激做出实时的、全方位的反应。

与人体感知功能比照，岩土体的感知就是要将力学传感器、物理传感器、光纤等传感元件植入岩土体内，成为感知神经，建立岩土体神经传导系统，以感知岩土体的应力、应变、渗流、温度和振动等物理量的时空变化，掌握边坡的灾变机理，实现边坡灾害的风险评估与临灾的预测预警，它与传统的岩土体检测、探测和监测的最大不同点是感知数据的时空连续性。通过全空间连续感知，及时和准确捕捉、定位和跟踪岩土体中各种控制参数的演化规律，避免传统方案监测不连续、容易漏掉关键数据、突变位置难以实时捕捉的缺陷。

在智慧边坡感知决策的过程中，运用感知传感器，构成一个岩土体多场感知系统。系统在通常情况下包含多类型感知传感器、信号传输体系和数据分析智慧系统。其中岩土体感知传感器是获取岩土体灾变信息的源头，起到感知神经的作用。当感知传感器的数量达到一定的密度要求时，可以形成感知神经网络，实时传输整个边坡各个位置与时间节点上的数据。同时将数据通过信号传输体系传递到数据智慧分析系统进行分析处理，最后形成决策，可以指导边坡工程实践，实现从感知到决策的全流程分析体系。由于岩土体结构复杂、存在大量的不连续面，赋存环境又恶劣，故一个完备的边坡灾变感知系统必须满足分布式、大范围、实时性、准确性和鲁棒性五个要求，并且能够有足够的精度，实时感知边坡灾变的发生和发展过程。

1.2.2　感知设备[2]

岩土体感知数据信息的获取质量取决于原位感知设备的能力。上古时期，中国先民就学会使用"准""绳""规""矩"等古老的测量工具。随着科技的不断进步，出现了诸如放大镜、光学显微镜和电子显微镜等细微观尺度上的精细观测手段，后来这些光学测量仪器又与工程实际相结合，发展出了如光学水准仪和经纬仪等工程测量仪器，成为配合岩土工程原位测量的重要工具。同时，随着钻探技术的发展，对深部岩土体观测的能力也日益增强。后来，结合岩土体对电磁效应的不同反应，出现了地球物理勘探方法，可在不进行钻探的同时，对岩土体在更深、更大尺度上进行观测。另外，遥感和遥测技术、航空测量技术的兴起，可以从空中获取大量边坡信息，并实现坡面的实时感知。除了集合观测外，为了获取岩土体物理力学的过程信息，出现了许多机械类、电测类传感器，可对岩土体物理、化学、力学状态进行实时监测。随着技术的发展，加之自动传输系统的建立，正在逐渐解决观测数据的时空不连续性问题，方便快速高效地提取突变点与突变界面，构成了边坡灾变预测预警和防治的关键基础。

随着科学技术的发展，岩土体感知技术也在不断演进。到目前为止，基本演化出了 5 个大类：（1）测量技术，包括水准仪、经纬仪、全站仪等传统非接触式测量设备；（2）遥测技术，如遥感、航测等，可以实现远距离大尺度感知；（3）检测技术，如现场测试、传统物理化学实验等；（4）探测技术，如钻探和物探；（5）监测技术，如应力计、深部测斜、静力水准技术等。其中前两类技术主要用于对岩土体表面或浅表面的数据感知，后三类可深入岩土体内部进行岩土体本身的数据感知。从这些技术所获得的观测数据时空连续性来看，很难实现时空数据连续性。但凭借单一的感知方法很难获取岩土体内部和与外部的时空连续信息。这种感知设备的时空不连续，使得工程师与研究人员很难全面掌握边坡中各类界面的分布和演化规律，从而难以预测预警边坡灾变事件的发生和发展。因此，需要引入基于多源数据融合思想，才能更好地实现边坡岩土体感知数据的智慧决策。

1.3　智慧决策发展现状

1.3.1　数据融合[3,4]

自然界中，人类和动物通过视觉、听觉、触觉、嗅觉和味觉等多种感官对客观事物实施多种类、多方位的感知，从而获得大量互补和冗余的信息；然后由大脑对这些感知信息依据某种经验规则进行组合和处理，从而得到对客观对象的统一理解与认识，并根据认知结论，作出相应的行动决策。这种由感知到认知的过程就是生物体的多源信息融合过程。学者们希望用机器与计算系统来模仿这种过程。于是，一门新的边缘学科——多源数据融合便诞生了。

随着传感器技术、计算机技术和信息技术的飞速发展，20 世纪 70 年代首先在军事领域产生了"数据融合"的全新概念，即把多种传感器及设备获得的数据进行融合处理，以得到比单一传感器更加准确和有用的信息。之后，"多源数据融合"一词开始出现于各类公开出版的技术文献中，逐渐地这一概念不断扩展，要处理的信息不仅包含多平台、多传感器、多源异构的信号，还包括了知识、经验等多种抽象的信息，它已被广泛应用于航空航天工程、环境、石化精炼、航海安全、电力、运输、无人机导航与制导、智能制造、医疗、商业工程、社会经济过程、冲突管理和决策等领域，例如战略预警系统、多机器人自主定位与导航系统、智能交通监控系统、环境监测系统、公共安全监控系统、物流感知与调度网络等[5-11]。

传统单一传感器监测系统通常会由于单个传感器或传感器通道的故障，造成量测数据的丢失，从而导致整个认知结果准确性的下降；同时，单一类型传感器在空间上仅仅能覆盖环境中的某个特定区域，且只能提供特定事件、问题或属性的量测信息，很难完整地获得对象的全部环境特征。相比较之下，与单一类型传感器系统相比，多传感器数据融合系统具有生存能力强、冗余度高、空间/时间覆盖范围广、信息模糊度低、系统鲁棒性和可靠性强等一系列优点[3,4]。多源数据融合综合了控制、电子信息、计算机以及数学等多学科领域，是一门具有前沿性的高度交叉学科。近年来，随着国家对各种多传感器平台和系统的需求急剧增加，多源数据融合进入了一个蓬勃发展的时期，人们对它的理论和工程应用研究方兴未艾，各种关于数据融合的新理论、新方法、新技术、新应用层出不穷。

相应地在本研究中涉及边坡工程建设与评估的领域，该思想与相关应用也正在被逐渐引入[12-14]。基于该思想，边坡岩土体的智慧决策系统又可以分为边界特征识别、危险性评估、趋势预测三个大的方向。

1.3.2　边坡边界特征识别

1. 影响范围识别

3S 技术是遥感系统（Remote Sensing System，RS）、全球定位系统（Global Positioning System，GPS）、地理信息系统（Geographic Information System，GIS）的统称。3S 技术的发展进步使地质灾害观测与分析效率极大提高，大大扩展了相关研究领域。进入 21 世纪，现代空间对地观测方法中的空间信息技术对解决地灾评估中面临的时空变化、大尺度、多维度等关键问题起着关键作用[15]。丰富的观测数据可由高分辨率的遥感技术提供，海量的空间数据分析模型通过地理信息技术提供，海量数据的存储、共享、分析、可视化等功能通过数字平台和云计算、大数据等技术提供。3S 技术可以应用在包括岩土体灾害模拟、评估、预测、防治，地理空间数据库建立、空间定位在内的一系列分析过程中，可以有效地提高数据收集与分析的效率，在灾害预测分析评价中具有绝对优势[16]。

基于多源遥感数据的边坡影响范围识别是边坡边界智慧识别领域中的一个重要研究方向，旨在通过分析遥感图像，自动识别和提取出地表的滑坡区域。这项研究对于土地利用规划、自然资源管理、环境保护等领域具有重要意义。目前这一研究主要有以下研究方向：

（1）数据源预处理。研究通常使用航空遥感数据，如航空影像和卫星影像作为输入数据。这些数据提供了高分辨率的地表信息，使得滑坡的细节能够更准确地被捕捉。同时，不同的数据来源可能会造成数据集统一性降低，科学合理的预处理过程（包括图像去噪、几何校正、大气校正等）可以确保输入数据的质量。

（2）特征提取[17,18]。在滑坡识别中，研究者通常会从遥感图像中提取各种特征，如颜色、纹理、形状、高程等。这些特征有助于区分不同地表类型，并揭示边坡的特点。近年来，深度学习技术的发展也使得卷积神经网络（CNN）等方法在特征提取方面得到了大量的应用。

（3）分类与分割方法[18,19]。部分学者采用不同的分类和分割方法来识别滑坡的范围。传统的机器学习方法，如支持向量机（SVM）、随机森林等，被广泛用于特征分类。近年来，深度学习方法在遥感图像分类和分割领域表现出色，例如卷积神经网络 U-net、深度卷积编码器-解码器（DCNN）等，都被应用到了遥感图像的分割中。

（4）地形信息的利用[20]。地形信息对于滑坡的识别至关重要。数字高程模型（DEM）数据可以用于获取地面的高程和坡度信息。通过融合地形信息和遥感图像，可以更准确地识别出滑坡区域。

（5）遥感图像时间序列分析[21]。随着技术的进步，研究者开始利用多时相的遥感图像，进行时间序列分析。结合图像语义分割算法，可以高效地揭示滑坡范围的变化，对滑坡的演化规律有更清晰的认识。

总体而言，边坡治理项目中，存在大量陡峭山坡、悬崖等危险点，同时可能包含大量的建（构）筑物，给现场手工测量判断带来极大麻烦。传统的测绘作业方法有危险、效率低下、需要人员多等缺点。基于多源遥感数据的滑坡智能识别方案，结合了遥感技术、机器学习和深度学习等多种方法，为地表滑坡范围的准确识别和分析提供了强有力的工具。随着计算机技术的进步和数据科学的发展，相应的研究方法有望在更多领域发挥重要作用。

2. 隐性滑动面识别

在实际边坡治理的过程中，在发生大面积滑动破坏之前，滑动面通常以隐性滑动面的形式存在。如何利用现代监测技术对隐性滑动面进行高效、自动化地搜索，是边坡工程的工作难点，也是边坡评估分析中亟待解决的关键问题。如何对隐性滑动面几何特征进行判断搜索，国内外一些学者相继开展了尝试。传统滑动面的构造通常采用引入不同基函数的方法来模拟滑动面的几何特征。介玉新等[22,23]通过引入参数方程的方法，运用多种基函数进行滑动面的构建。许四发等运用有限元反演方法，构建地震效应下边坡的临界面几何形态。谭燕[24]、覃伟[25]等通过改进遗传算法，实现边坡临界滑动面的搜索。上述方法都可以较好地从理论模型中搜索出边坡滑动面的位置与形态，但该思路只适用于土质边坡且土体高度均质化的情况，没有考虑降水、下伏基岩、地下空洞等因素的影响，不适用于复杂地质条件下的边坡工程。

对于处于复杂地形、地质条件下的隐性滑动面几何位置的判断，工程上主要采用地球物理勘探或深部位移监测的手段。其中比较常见的物探方法为高密度电法、地质雷达法、大地电磁法以及多源数据联合勘测的综合物探法。早在 2004 年，郭秀军等[26]就尝试用基础高密度电法来表征滑坡可能存在的隐性滑动面；李术才等[27]在高密度电法基础上，运用有限元正演方法，分析了四种不同形式滑坡体的电阻率的分布特征；赵自豪[28]、周金全[29]等运用综合物探方法进行多方法联合解译，使得对于隐性滑动面的分析判断更加准确。国

外学者在相关领域研究更加超前，早在 2011 年就开始使用三维电阻率剖面[30]的方法进行
滑坡三维隐性界面的判别。三维的电阻率法主要分为由二维几何剖面构成的伪三维电阻率
图[31]与多排导电棒共同测量解译的真三维电阻率图两种方式。虽然两者的实现方法不尽相
同，但都可以较好地反映复杂边坡地表下的地层分布情况与潜在滑动面的位置。随着计算
机技术的发展，4D 电阻率法[32]也逐渐被部分学者引入岩土体水分含量变化的研究中，通过
引入时间因子，判断降雨过程中潜在滑动面可能的位置与滑坡的影响范围。同时，国外学
者也关注多种物探监测方法与高密度电阻率剖面法的结合，并通过 Fuzzy 算法[33]等数据融
合手段将多种物探结果进行综合解译，较大幅度地提高了探测的精度。目前多源数据综合
物探技术在边坡隐性滑动面搜索的研究中已经取得很大的进展。但是，相关研究主要集中
在对下覆地层几何形态的分析中，并不能真实反映实际发生滑移的位置。

在当前的边坡工程实践中，深部测斜法的应用已成为观测地下深部位移的主流方法。
根据深部位移的发生位置，推断滑动面的具体位置。同时，一些研究者正在逐步引入自动
化监测技术对深层位移曲线进行分析[34,35]。与传统地表监测技术相比，深部位移监测能够
穿透边坡表层，洞察坡体内部各个位置的变形状况，并实现对数据的实时捕获[36]。借助深
部监测技术，关键信息（如滑面深度和滑动方向）可以被更加直观地获取。何满潮[37]的研
究进一步证实，深部位移监测数据能够有效确定滑坡的滑动面，从而提高滑坡预测和预报
的准确性。目前，滑坡深部位移监测主要依赖于测斜仪[38]、光纤光栅深部位移计[39]、同轴
电缆时间域反射仪[40]等。对于深层位移的多源数据解译方案，部分学者采用自动化采集 +
变形特征融合分析[41]，平面 + 深部数据融合解译[42]的方案，都取得了较好的效果。但是也
应该注意到，由于地质条件的复杂性、施工技术的多样性以及技术人员对于数据分析经验
不同等因素，对深部位移监测数据的解析通常会因人而异，缺少一种定量的、具有普适性
的判定标准。

1.3.3 边坡危险性评估

早期针对岩土的危险性评估的思路主要停留在监测数据分析阶段，通常会集中在对物
理参数[43]与单一滑坡整体发生概率[44]的计算。时至今日，3S 技术的不断发展为区域滑坡易
发性融合评价提供了更为多维的可能。目前比较主流的方式是结合多源遥感信息进行融合
计算，判断宏观区域滑坡的易发性。在滑坡多源数据融合领域，许多学者利用现有的计算
机算法进行了相应的融合研究。Guzzetti 等[45]从某典型滑坡入手，利用多模型融合的方法，
对相关算法的精确度指标进行了横向研究；Eeckhaut 等[46]则以法国滑坡群为研究对象，搭
建了基于数理统计算法的稳定性分区流程，完成了对区域滑坡易发性的空间类别划分；
Nichol 等[47]则应用高分辨率遥感影像的纹理特征，对滑坡空间稳定或非稳定区域进行了详
细的分区描述。除了简单的滑坡图像的叠加，随着计算机技术的发展，部分学者从多因子
定量分析的方法实现滑坡灾情的信息处理，融合大数据分析与数据挖掘技术，实现了更精
准的滑坡空间数据分析的能力[48]。李文娟等[49]构建了融合遥感图像处理技术和多维数据挖
掘方法的稳定性智能空间划分过程，完成了秭归—巴东区内滑坡易发性评估单元的分类预

测。Qiu 等[50]采用物理驱动 loss 函数，改进数据融合判断网络，对美国匹兹堡山区的滑坡易发性进行了分析。Gantimurova 等[51]考虑 NDVI、坡度、植被覆盖率等因素进行基于 GIS 的融合，得到了贝加尔湖周边铁路沿线的滑坡易发性评价；蒋万钰[52]运用贝叶斯概率混合算法，结合降水概率，实现了白龙江流域滑坡的易发性分析。

从上述结果可以看出，基于智能算法的岩土安全性分析，通常处于宏观层面，而针对工程岩土体层面，例如针对单一滑坡或单一基坑的智能评估分析的内容还鲜有报道。

1.3.4　边坡变形趋势预测

边坡岩土灾变会对人类社会造成严重损失，根源在于其形成条件的复杂性和外部诱因的多样性及不确定性，这些因素共同作用导致了边坡岩土体发生滑动破坏的时间、地点、强度和影响范围难以预先准确预测。因此，实施有效的监测措施，并采用科学方法对灾害进行预测和预报，是减轻灾害影响的关键策略。

根据现有研究，边坡数据监测和预警可分为三个主要阶段[53-55]。

（1）现象＋经验融合分析阶段。在 20 世纪 60 年代之前，滑坡预防主要依赖于滑坡发生前的宏观前兆现象记录，如动物异常行为、土壤崩塌、地面裂缝等。1965 年，日本学者 Sato 提出了基于滑坡室内试验和现场位移监测数据分析的滑坡预报经验公式，标志着滑坡预测研究的开始，其定义了蠕变破坏的三个阶段，并建立了滑坡蠕变速率与临滑时间的预测模型，成功应用于日本高汤山滑坡预报。此后，Komamura（1985）、Fukuzono（1990）、Federico（2004）等多位学者对该经验公式进行了扩展研究。这一时期，我国有关滑坡灾害的预测预报研究具有代表性的是铁道部科学研究院西北研究所采用岩体稳定分析方案，根据滑动阶段及滑动迹象，对宝成铁路须家河滑坡进行了定性分析判别，实现防灾处理过程由被动向主动的转变。

（2）统计＋非线性融合分析阶段。20 世纪 80 年代，学者们开始将现代数学理论中的新方法应用于滑坡预测，如灰色系统理论、模糊理论、概率论和信息论等，并发展了滑坡敏感性制图技术，相应方法是对原有经验公式的又一次提升。这一阶段的研究特点是注重预报方法的理论探究，以实现滑坡灾害的精确预测和预报。相关学者将时间序列、指数平滑、黄金分割法、正交多项式、泊松旋回、Markov 链、Verhulst 反函数模型等多种统计计算方法引入滑坡预报中，使得滑坡统计预报法日趋完善。同时，非线性算法的发展也是百家争鸣，支持向量机、优化灰色模型、多元时间序列分析、分形理论、粗糙集理论等分析模型都被不同学者引入了滑坡变形位移预测的过程[56-60]中，极大地扩充了滑坡非线性分析模型种类。

（3）智能＋非线性＋多源数据融合分析阶段。自 20 世纪 90 年代以来，随着非线性科学、计算机科学、智能技术和系统科学的发展，滑坡的非线性预报和智能综合预报成为研究重点。这一阶段的研究将滑坡预报技术方法与智能预测技术深度融合，现代数理科学及多方法智能集成研究获得广泛应用。黄润秋等[61]提出的协同预报模型。秦四清等[62,63]提出的尖点突变模型；冯夏庭[64]采用 BP 智能算法对三峡船闸边坡岩体力学参数进行了识别。

石莉莉、殷坤龙等[65-67]提出采用 GIS 技术对滑坡危险性分区进行研究，将 GIS 二次开发技术同 Web 网络平台相融合，开发了 WebGIS 滑坡危险性进行了预测研究。张永兴等[68]将 GIS 空间分析与 BP 神经网络相融合，并成功开发了滑坡灾变智能预测系统。吴益平等[69]将 BP 神经网络与灰色 GM(1,1)模型耦合，并运用于我国某滑坡预测。张俊等[70]将时间序列分析与智能粒子群优化算法及支持向量机耦合，对滑坡变形进行了预测。

1.4　本书主要内容

综合上述前人的研究成果，本书结合多源数据融合智慧决策算法，以识别—评估—预测为研究主线，解决了边坡影响区域识别、边坡现状危险性评价、边坡监测数据智能预测等一系列难题。同时，架构与开发了中航勘察智慧平台的智慧分析与决策模块，实现了分析结果与平台的数据交互。研究主要分为前期调研、数据感知体系构成、智慧决策算法实现、平台模块研发、工程实例验证等五个大板块。具体内容如下：

第 1 章主要对于本书的研究背景，边坡工程的智慧化与基于智慧决策技术的识别、评估、预测相关研究的研究现状进行了总结归纳，并引出了本书的整体框架与创新点。

第 2 章介绍了边坡工程数据感知体系的基本内容，包含常见的自动化感知设备，数据传输体系。

第 3 章从智慧决策入手，简述各类人工智能（AI）算法在边坡工程中的应用，同时对智慧决策的模型与系统进行了简单介绍。

第 4~6 章分别从智慧识别、智慧评估、智慧预测三个方向对目前基于边坡工程智慧决策的算法与实现路径进行了详细介绍。

第 4 章介绍了边坡边界智慧识别技术，包括滑坡岩土体影响区域和滑动面的识别方法。介绍了利用轻量化深度学习网络和无人机图像进行滑坡影响区域边界识别的技术，特别是基于 DeeplabV3+的 MobileNet 网络架构和滑坡范围智能识别的基本步骤，展示了 LRIP 系统在滑坡影响区域识别与分析中的应用。此外，还探讨了基于变点分析的边坡下层界面的自动提取方法，包括贝叶斯变点分析和基于 BMA 的变点分析的基本原理，以及边坡深层位移界面的自动提取技术，为岩土工程提供了创新的智慧解决方案。

第 5 章聚焦于边坡现状危险性综合分析。首先概述了研究的重要性和目的。介绍了 AHP 和灰色关联度数据融合算法，以及基于这些算法的相关性分析和数据融合体系。进一步探讨了航空摄影测量建模与优化技术，包括机载建模测量系统、近景摄影测量技术、现场调查工作流程、无人点云机建模工作流程、点云模型的降采样与分组，以及数据模型轻量化。最后，详细阐述了多源数据融合岩土体易损性评价的步骤，为岩土工程风险评估提供了一套系统的方法论。

第 6 章介绍了边坡监测数据发展趋势智慧预测与数据维度变换的相关内容。利用 EMD-Elman 神经网络进行监测数据的分析与预测，包括 EMD 数据分解算法、Elman 智能位移预测算法、时空数据插值算法等。同时，介绍了基于这些理论和技术开发的 SDDMA 和

STED-2D/3D 系统。

第 7 章概述了工程智慧平台的设计与应用，从平台建设的背景、目标与规划开始，详细介绍了技术体系，包括数据规范、数据库建设、面向服务的架构（SOA）、基于物联网的应用架构和 Web Service 技术等，还涵盖了平台的主要功能模块，如数据管理、展示和分析，并探讨了平台在不同场景下的应用。

第 8 章详细介绍了南京牛首山阿里拉酒店边坡全自动监测评估项目，从智慧识别、智慧评估、智慧预测三个方面入手，包括工程概况、倾斜摄影测量建模与优化、工程智慧平台地灾智慧监测系统的应用。进一步探讨了边坡影响区域和滑动带的识别方法，还涉及了多源数据融合边坡危险性分析，建立了评价体系，进行了灰色关联度显著性分析，并计算了考虑专家评价指数的易损性指标。最后，以边坡位移沉降为例，实现了监测数据的时空分析与发展预测，为工程实践提供了全面的智慧监测评估方案。

第 2 章

数据感知体系

2.1 引言

边坡工程数据感知体系是一套集成的监测系统，用于实时收集、传输、处理和分析岩土工程相关的地质和结构数据。这个体系通常包括感知设备、数据采集设备、数据通信系统、智慧平台等组件。其对于边坡工程智能化数字化有重要意义。通过实时监测，可以及时发现潜在的风险，如滑坡、泥石流等，从而采取预防措施，该体系可以合理分配监测资源，提高工程管理的效率和效果，提供科学的数据支持，帮助工程师和管理者做出更准确的决策。边坡工程数据感知体系通常由以下几个常见组成部分构成：

（1）感知设备。用于收集边坡各种地质和结构数据，如几何形态、水文地貌、位移、应力、应变、温度、湿度等。同时包含航摄设备、自动监测机器人、感知传感器等。常见的感知传感器包括倾斜计、应变计、裂缝计、温湿度传感器等。

（2）数据采集设备。负责收集传感器的数据，并将其转换为适合分析的格式。将传感器收集的模拟信号转换为数字信号，并进行初步处理。

（3）数据通信系统。将采集到的数据传输到监控中心或云平台。这可能包括无线网络、卫星通信或其他远程数据传输技术。

（4）智慧平台。用于数据的实时监控和分析，通常包括软件和用户界面，以便用户可以查看和解读数据。用于管理和分析地理空间数据，帮助理解地质情况和环境特征。基于分析结果，系统可以生成预警信息，以便及时采取行动防范潜在风险。

2.2 常见自动化感知设备

2.2.1 性能指标

在选择感知设备时，应综合考虑项目的具体目标、监测对象以及环境等因素，合理进行设备选型。鉴于同一物理量可能由多种感知设备进行测量，因此，应基于被测量的特性及使用条件［如量程、尺寸、测量方式（接触式或非接触式）、信号输出方式、成本等］来决定最适合的感知设备。在此过程中，主要应关注以下几个关键性能指标：

（1）稳定性。指感知设备在长期使用过程中性能不发生变化的能力。感知设备与使用环境是影响稳定性的主要因素。应选择适应性强的感知设备或采取措施降低环境因素的影响。

（2）精度。感知设备的精度是衡量其性能的重要指标，直接关联到整个监测系统的测量精度。通常，精度越高的感知设备成本也越高。

（3）灵敏度。灵敏度高的感知设备能够对微小的被测量变化产生较大的输出信号，有利于信号处理。但同时，高灵敏度可能导致干扰信号放大，影响测量精度。因此，应选择信噪比高、能最大限度减少外界干扰信号影响的感知设备。

（4）频率响应特性。感知设备的频率响应特性决定了可测量的信号频率范围。理想情况下，频率响应特性良好的设备能够覆盖更广泛的信号频率。在实际应用中，感知设备总会有一定的响应延迟，理想状态是延迟时间尽可能短。

（5）环境适应性。感知设备应能够自动调整其参数和工作方式，以适应不同环境的变化，同时具备一定的抗干扰能力，能够在复杂和恶劣的环境中正常工作，满足感知环境的要求。

综上所述，在选择感知设备时，应充分考虑上述性能指标以确保监测系统整体性能和精确度。

2.2.2　测量机器人

随着电子技术和计算机技术的进步，全站仪的自动目标识别技术正得到广泛应用。在这一技术中，全站仪通过发送红外光并接收反射棱镜返回的信号，利用内置的 CCD 相机进行判断。随后，电机驱动全站仪自动转向棱镜，精确确定棱镜中心的位置。这使得全站仪能够自动搜索、识别和精准瞄准目标，并获取距离、角度、三维坐标和影像等测量信息。这一自动目标识别技术构成了测量机器人的基础[71]。

测量机器人自动感知系统通常由智能全站仪与数据采集器组成。智能全站仪是整个自动化测量系统硬件组成中的核心部件。相应的智能型全站仪拥有自动目标识别功能和精密伺服电机驱动系统，当视场内出现多个棱镜时，仪器能进行自动分辨，角度测量精度通常为 $0.5''$，距离测量（AP 单棱镜）通常为 $1.3\sim3500\mathrm{m}$，距离测量精度通常为 $(0.8 + 1\mathrm{ppm} \times D)\mathrm{mm}$，自动照准范围（AP 单棱镜）通常为 1000m。

测量机器人具有以下特点[71]：

（1）多维度。测量机器人通过空间点的三维坐标计算，可以计算沉降、位移、收敛等多维度的变形位移数据。相对于传统监测系统只能监测物理/几何量，有着显著优势。

（2）扩展性强。适用于监测点多、位置分散的场合，便于扩展。其他监测系统通常由多个基本对等的传感器串联组合，现场安装时对高度或线性的要求更严格，不利于随时进行补充。

（3）速度快。测量机器人采用轮巡方式逐个瞄准、测量，每个监测点需数秒，速度很快且工作效率极高，可以代替大量枯燥人工照准目标、繁琐的调焦和精确照准工作。相比之下，传统全站仪需要人工进行逐点监测，效率较低。

现场一般安装固定仪器观测台上，观测台顶部安装强制对中装置，测量机器人固定在强制对中装置上，通过通信电缆与数据采集器连接。当进行边坡监测时，要保证固定仪器的观测台在边坡滑动范围之外，防止被测边坡岩土变形移动带来的影响。监测目标一般为小棱镜，一般在现场仪器安装完成后再进行设置，要确保两者之间是通视可测量的。为避免同一视场多棱镜目标，影响自动化测量精度和效率，合作目标相互之间要按照上下或左右错开安装的原则布设。如图 2.2-1 所示。

图 2.2-1　测量机器人安装

2.2.3　GNSS 监测设备

全球导航卫星系统（Global Navigation Satellite System，GNSS）是一种利用卫星接收和发送地理位置信息的全球定位系统。它具有高精度、全天时、全天候等优势，为各个领域提供了准确的定位服务。在岩土工程中，GNSS 技术也得到了广泛应用。GNSS 可以用于监测工程的表面变形，例如边坡坡面、支护桩等。通过安装 GNSS 接收器，可以实时获取变形数据，帮助工程管理人员及时发现异常情况。GNSS 技术对于滑坡、地震等地质灾害的监测也非常有效。它具有高精度、不受天气干扰、可以连续长时间进行实时监测的特点，有助于预警和防范灾害。GNSS 技术可以直接监测从全球板块运动到局部断裂活动的各种规模尺度的地壳运动和构造形变。这对于岩土工程的安全评估和规划具有重要意义。

GNSS 监测系统通常由以下几个主要组成部分构成：（1）GNSS 接收器。其是系统的核心部件。GNSS 接收器用于接收卫星发射的信号，并计算出接收器所在位置的坐标。它可以安装在地面、建筑物、车辆或其他需要监测的位置。（2）天线。天线用于接收卫星信号。天线的选择和安装位置对系统的精度至关重要。合理的天线选择和布置可以提高系统的性能。（3）数据处理单元。数据处理单元负责接收 GNSS 接收器传输的原始数据，并进行数据处理、坐标计算、变形分析等。这部分通常由计算机或嵌入式系统完成。（4）数据传输模块。数据传输模块将处理后的数据传输到监测中心或其他需要的地方。传输方式可以是有线（例如以太网、串口）或无线（例如无线局域网、蜂窝网络）。（5）电源设备。为了确保系统的稳定运行，需要提供稳定的电源供应，要保证在各种气象条件下 GNSS 设备都能稳定工作，一般野外的作业时，常配备太阳能电池板。

GNSS 接收机常见设备具有 120 通道，单点定位精度为，水平 ≤ 1.5m，高程 ≤ 3m。伪距精度为，GPS，L_1、L_2 < 10cm；BDS，B_1、B_2 < 10cm。载波相位精度为，GPS，L_1、L_2 < 1mm；BDS，B_1、B_2 < 1mm。动态测量精度为，水平，$\pm(20 + 1 \times 10 - 6 \times D)$mm；垂直，$\pm(40 + 1 \times 10 - 6 \times D)$mm。静态测量精度为，水平，$\pm(5 + 1 \times 10 - 6 \times D)$mm；垂直，$\pm(8 + 1 \times 10 - 6 \times D)$mm。授时精度为 20ns RMS。网络协议通常采用 Ntrip、TCP、IP MQTT 等。

安装 GNSS 监测设备时，应确保以下注意事项：首先，需要在监测点位处浇筑混凝土设备底座。这个底座将作为 GNSS 接收器的支撑基础。要确保混凝土浇筑均匀、牢固，并符合设计要求。在浇筑混凝土之前，检查底座的平整度和水平。使用水平仪确保底座水平，以避免后续安装时出现偏差。然后，将 GNSS 接收器安装在设备底座上。遵循制造商提供的安装指南。确保接收器与天线对齐，并且没有遮挡物阻挡卫星信号。连接电源和数据线路到 GNSS 接收器时，要确保电源稳定，并且线路不易受损或被破坏，要充分考虑环境因素，例如防水、防雷击等不利条件对设备的影响。如图 2.2-2 所示。

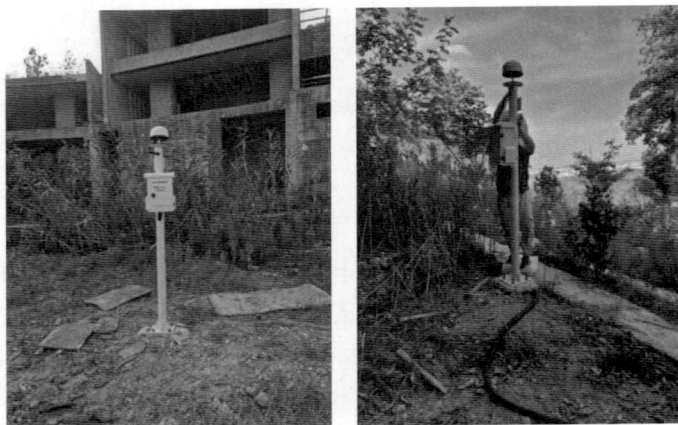

图 2.2-2　GNSS 地表监测点安装

2.2.4　深层位移监测设备

深层水平位移监测在边坡工程中起着重要的作用。在基坑开挖、边坡工程、地下结构施工等过程中，深层水平位移的变化可能影响结构的稳定性和安全性。监测这些变化可以帮助工程师及时采取必要的措施，确保工程安全。同时深层水平位移监测可以提前发现潜在的问题。有助于避免事故发生，减轻损失。总之，深层水平位移监测是边坡工程中不可或缺的一环。

深层水平位移采用全向位移计进行监测。全向位移计的工作原理是测量测斜管轴线与铅垂线之间的夹角变化，从而计算被测结构在不同深度的水平位移。通常采用多组串联的方式进行监测。长期监测过程中，套管从初始位置偏移至新的位置，通过比较初始测量数据与当前实时测量数据得出位移的速率，发生的深度及大小，配合自动化数据采集设备，可以自动、连续地监测，安装多个传感器可以获得沿轴向的挠度变形图。

全向位移计主要用于监测边坡、尾矿库、堤坝、挡墙等结构的倾斜、水平位移或沉降变形、水平位移及倾角。通常情况下，标准量程，0°～360°；测量轴，X轴，Y轴，Z轴；分辨率，0.0003°；系统稳定性，优于±0.5°mm（38m）；抗扭转精度，优于 0.5°；长期稳定性，±0.003°；测温精度，0.5℃/节。

　　全向位移计通常布置在测斜管中，通常采用钻机钻孔，钻孔的直径为ϕ90mm，钻到一定深度，然后将测斜管放入孔中，全向位移计安装前应测定钻成孔或测斜管的垂直度不得超出传感器满量程的 30%。对测斜管导向槽应做好永久标记，用以确定倾斜变形的正方向。测点的位置应尽可能地反映监测对象的实际受力和变形状态，以确保准确判断监测对象的状况。在监测对象变形变化大的代表性部位及监测部位，应适当加密测点，以更准确地反映下部岩土体的变形特征。边坡工程中应沿着边坡主滑动方向依次布置，以确保可以更加准确地反映整个滑动范围滑面的位置。如图 2.2-3 所示。

图 2.2-3　全向位移计安装

2.2.5　感知传感器

1. 土体裂缝

　　坡面表面开裂情况可通过拉线位移计进行远程实时感知。拉线位移传感器的工作原理基于电容原理，用于测量物体在直线方向上的位移，物体位移导致拉线的伸缩，根据胡克定律，拉线的伸长或缩短与所受力的大小成正比。内部振荡器的电容值随着拉线的伸缩而变化，从而改变振荡频率。通过测量振荡频率的变化，可以推导出物体的位移。拉线位移计的有效行程为 0～1000mm，综合精度为±0.05%FS，分辨率为 0.1mm，输出信号格式为RS485，工作温度为−20～85℃。

　　拉线位移计需要布置在混凝土台墩上。制作拉线位移计混凝土台墩，台墩分别是传感器固定台墩和拉线固定端台墩，传感器固定台墩需要制作一个 20cm × 20cm × 15cm（长 ×宽 × 高）的混凝土台墩。拉线固定端台墩需要制作一个 15cm × 15cm × 15cm（长 × 宽 ×高）的混凝土台墩，并且插入一根 1m 的螺纹钢筋。用自攻螺钉将传感器固定在混凝土台墩上，钢丝绳从传感器端拉到监测底部固定端，钢丝绳穿入线管进行保护，然后埋入表层土里。拉线式位移计的拉线方向应当垂直于被测裂缝方向，拉线位移计的线在固定拉线时，从传感器内拉出三分之一的线。可穿上 PVC 管进行拉线保护。所有传感器需要提前计划安装位置，位置对应传感器编号，标签纸上需写明传感器编号，然后贴在线头处，对传感器识别和维护至关重要。如图 2.2-4 所示。

图 2.2-4　土体裂缝传感器安装

2. 倾角

边坡工程中，边坡上部建筑与支护结构的倾斜通常采用自动倾角仪进行采集。现代倾角仪通常采用 MEMS 系统，MEMS 实际上是一种运用惯性原理的加速度传感器，它的核心组成部分通常包括一个或多个微加速度计，能够精确感知并量化物体在某一特定方向受到的加速度，包括静止时地球重力产生的恒定加速度，重力方向与传感器敏感轴之间的夹角就是所需要的倾斜角度。

倾角仪量程为±15°，分辨率为 0.001°，绝对精度为±0.01°RMS，输出信号为 RS485。既有建筑物或构件采用倾角仪监测时，应保持传感器安装面与被测目标面平行，并减少动态和加速度对传感器的影响。传感器水平安装于边坡上建（构）筑物外立面。同时应设置必要的遮挡板和防护措施，尽量减少外部环境的影响。如图 2.2-5 所示。

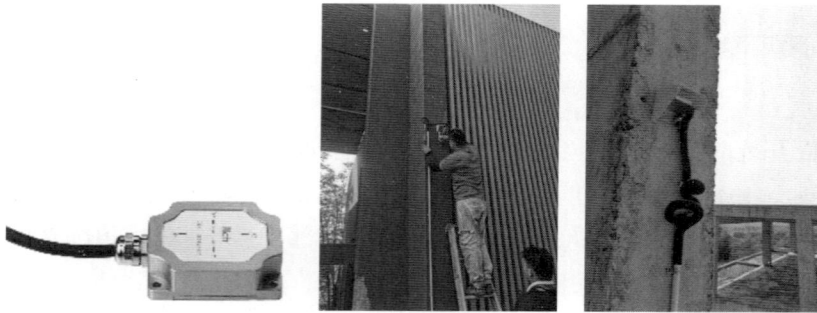

图 2.2-5　倾角仪安装

3. 降雨量

降雨量大小是影响滑坡稳定性的一个重要因素，通常情况下会采用雨量计进行降雨量监测。其工作原理是通过传感器测量雨水的体积或高度，将之转换成当地的降雨量标准值传输到数据采集仪中。常用自动雨量计承雨口尺寸为 ϕ200mm，分辨力为 0.5mm，雨强范围为 0.01～4mm/min（允许通过最大雨强 8mm/min），测量准确度 ≤±3%。

为了更好地反映整个工程现场的降雨情况，雨量计通常设置场地中央，同时周围无明显遮挡与干扰物体，确保数据的准确，安装基座应平整、稳固，与雨量计之间应使用不锈钢地脚螺栓连接，以防止在暴风雨中发生抖动或倾斜。雨量计应放置在比较开阔且风力较弱的空地上，障碍物与雨量计的距离不应小于障碍物与雨量计承雨口高差的两倍，同时承雨口距离地面高度一般不低于 70cm，安装基面和雨量计的承雨口应保持水平。如图 2.2-6 所示。

图 2.2-6　雨量计安装

4. 地下水位

在边坡工程实践中，地下水位也是关系边坡土体稳定性的一个重要因素。地下水位改变会引起岩土体的应力状态和力学性态的变化。当地下水位上升时，会增加坡下土体的水压力，导致土体发生失稳，易发生滑坡事故。高地下水位下的土的饱和度增大，土的抗剪强度降低；在地下水位过低的情况下，土容易干燥和收缩，引起开裂和变形。通常情况下会采用地下水位计进行地下水位监测。地下水位计的工作原理是根据压力与水深成正比的静水压力原理，利用水压敏感集成元器件作传感器探头，间接测量出水位的高低。其常见型号，测量范围为 10m；精度等级为±0.5%FS；稳定性能为±0.1%FS/a；过载能力为 200%满量程。

通常需要根据设计文件布设地下水位监测井，监测井的深度应根据勘察资料中水位的深度来确定水位井的深度。如图 2.2-7 所示，监测井应沿基坑周边、被保护对象（如建筑物、地下管线等）周边或两者之间布置。相邻建筑物、重要的地下管线或管线密集处也应该设置水位监测点。潜水水位监测井的间距宜为 20～50m。每个监测井至少应有一个端头井，特殊情况下需要适当加密。埋设深度一般为 6～10m，孔径不应小于 110mm。在孔口附近填充泥球或注入砂浆以封阻地表水下渗。

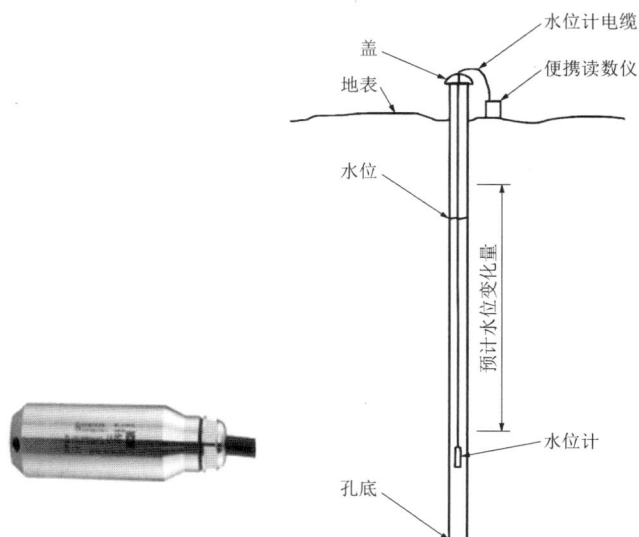

图 2.2-7　水位传感器安装

5. 孔隙水压力

在岩土工程中，测量孔隙水压力具有重要意义。孔隙水压力的监测可作为施工控制的依据。通过监测孔隙水压力的变化，可以及时为施工提供可靠的信息，确保安全施工。孔隙水压力的分布状态可作为稳定性计算的依据。在富水位置、地质条件差及鸿沟处进行孔隙水压力监测，通过监测孔隙水压力变化结合环境参数，为判断岩土体的稳定性提供参考和依据。一般采用渗压计进行孔隙水压力监测。渗压计是指用于测量结构中孔隙水压力或渗透压力的传感器，根据压力与水深成正比的静水压力原理，通常由两大部分构成，一部分是滤头，由透水石、开孔钢管组成，起到隔断土压力的作用；一部分则是传感器，也是渗压计的核心组成，压力使水通过透水石汇集到承压腔，作用于承压膜片上，膜片中心产生挠曲引起钢弦应力发生变化，钢弦的自振频率随之发生变化，再由计算公式把频率换算成压力。如图 2.2-8 所示，其量程为 0.3MPa，灵敏度为 0.05%FS，非线性 ≤ 0.5%FS。

在选择孔隙水压力测量范围时，应考虑静水压力和超孔隙水压力之和。上限值应为这两者之和的 1.2 倍。在地层边界附近埋设孔隙水压力计时，需谨慎操作。反滤层不应穿过隔水层，以避免上下水压力的渗透。在安装孔隙水压力计的过程中，应实时跟踪监测其频率，以确保正常工作。如果频率变化异常，应及时收回孔隙水压力计并检查导线是否损坏。在一个孔内埋设多个孔隙水压力计时，压力表之间的间距不应小于 1m，并应采取部件之间的密封和隔离措施。

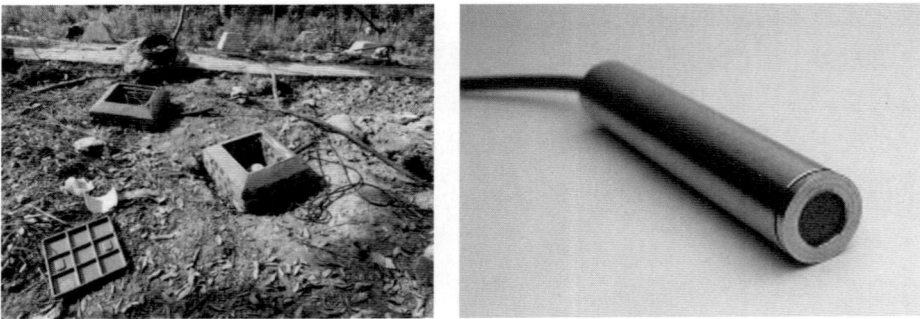

图 2.2-8　渗压计的安装

2.2.6　感知数据采集设备

感知数据采集系统是数据感知体系中的关键组成部分，为数据感知体系提供了必要的数据基础。感知数据采集系统的设备主要包括信号调理、A/D（模数转换）采样、控制系统等主要功能模块，部分还附带数据处理与数据存储的功能。信号调理模块负责对传感器采集到的原始信号进行放大、滤波、线性化等处理，以确保信号质量和一致性；A/D 采样模块将模拟信号转换为数字信号，使其适用于数据处理和存储，采样率、分辨率和精度是 A/D 采样的关键参数；控制系统模块用于实现感知数据采集设备的自动控制、校准和配置，它确保设备按照预定的采样频率、时间间隔或事件触发进行数据采集。其结构示意图如图 2.2-9 所示。

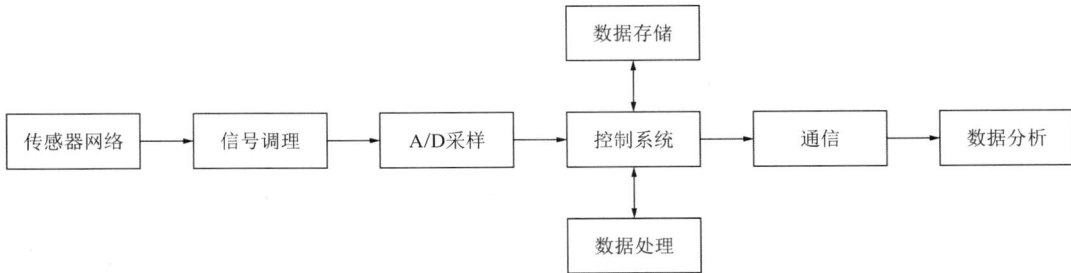

图 2.2-9　感知数据采集结构示意图

　　根据监测的现场环境，在被监测对象的相应位置设置监测点，然后将感知设备安装在监测点上面，将现场所有安装的传感器通过有线或无线的方式连接到外场监测站，在外场监测站安装一个感知数据采集模块防护箱，所有的传感器连接电缆全部引进采集仪防护箱连接采集模块，系统由远程控制，通过采集模块采集传感器数据后，将数据通过在线数据传输的方式将传感器数据直接传输到控制中心，保证了数据的可靠性，并可以实时对采集点进行认证、连接、管理和控制。

　　感知数据采集模块常见为多功能数据采集仪。多功能数据采集仪用于现场感知数据采集，支持有线或无线方式进行数据传输，最大可负载传感器 128 个，可兼容大量物联网领域的传感器，具有网络服务器，可使用 PC 进行远程监控，同时配套监测系统管理平台并兼具有多种多级预报警功能。如图 2.2-10 所示。

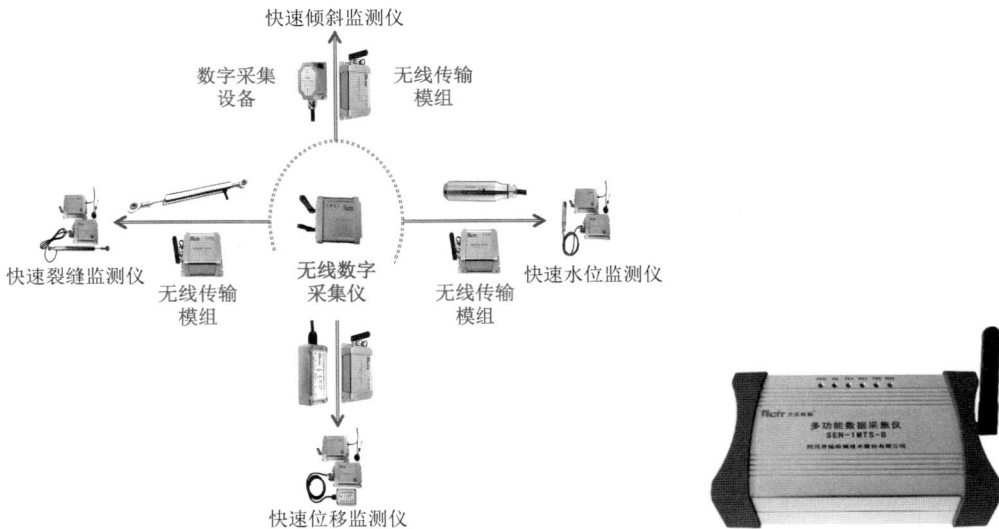

图 2.2-10　数据采集传输系统与多功能数据采集仪

2.2.7　多旋翼无人机测量设备

　　多旋翼无人机是一种具有三个及以上旋翼轴的特殊的无人驾驶直升机。其通过每个轴上的电动机转动，带动旋翼，从而产生升力。与一般直升机不同，多旋翼无人机的旋翼总距固定，不可变。通过改变不同旋翼之间的相对转速，可以调整单轴推进力的大小，从而控制飞行器的运行轨迹。这种设计使得多旋翼无人机在航拍、测绘、监测等领域具有广泛的应用。无人机搭载相机进行正射影像测量，可以获取高分辨率的地面影像；同时通过无人机倾斜摄影测量技术可以获取倾斜影像，构建实景三维模型；结合摄影测量技术，通过贴近物体表面摄影获取超高分辨率影像，进行精细化地理信息提取。

中海达 D100 + X8 倾斜摄影测量系统如图 2.2-11 所示。该系统以多旋翼无人机平台为载体，一体化集成高精度 5 目摄影测量相机、GPS、IMU 等传感器，可同步获得定位定姿数据，通过数据处理和应用软件，快速生成 DEM 模型，制作包括 OSGB、LAS 等各种类型的实景三维模型。由于该系统重量轻、携带方便、成果处理效率高，广泛应用于应急测量、地形测绘、电力巡检、公路勘测、海岸岛礁测量、挖填方计算、考古调查与测绘、地灾测量等领域。

图 2.2-11　中海达 D100 + X8 倾斜摄影测量系统

2.3　数据通信系统

2.3.1　概述

数据通信系统在感知体系中扮演着中间层的角色，依托于互联网、无线宽带以及电信骨干网，负责感知数据的接入、传输与运营等关键任务[72]。该系统可建立在"多网融合"的骨干网络之上，亦可是各类专用网络。其核心技术涵盖了接入与组网技术，以及基于此的节点和网关支撑技术。如图 2.3-1 所示。

移动通信网络、下一代互联网、传感器网络等构成了数据通信系统的重要组成部分。这些网络通过节点和网关协同工作，支撑着各种服务的网络互联。这些核心设备不仅是硬件基础，也通过集成多种计算与处理算法，实现了异构网络间的互联、互通和互操作。网关作为连接感知层和网络层的关键设备，是不同网络融合的主要平台。

图 2.3-1　数据传输体系

2.3.2　无线通信技术

无线通信网络[72]是数据通信系统中信息传输和服务支撑的基础设施之一。无线通信技术覆盖了传统接入网、核心网和业务网等多个层面。数据通信系统的网络接入主要通过网关实现，其功能是利用现有移动通信网（如 4G/5G）、无线接入网、无线局域网（Wi-Fi）、卫星网络等基础设施，将信息感知识别层的数据传输至互联网。网络传输的主要功能是基于 IPv6 和 IPv4 构建的互联网平台，该平台整合了网络内的信息资源，形成了一个可互联互通的大型智能网络。这为上层服务管理和大规模行业应用提供了一个高效、可靠、可信赖的基础设施平台。

1. 蓝牙无线通信

蓝牙协议是一个无线连接全球标准，建立在低成本、短距离的无线射频连接上。蓝牙协议所使用的频带是全球通用的，如果配备蓝牙协议的两个设备之间的距离在 10m 以内，则可以建立连接。蓝牙协议使用基于无线射频的连接，不需要实际连接就能通信。

蓝牙协议使用 2.4GHz 的 ISM 频段，这是全球通用的频段，无需特别许可即可使用。如果两个配备蓝牙协议的设备之间的距离在 10m 以内，它们可以建立连接；蓝牙技术采用了类似于计算机系统的"即插即用"概念。在允许的情况下，设备可以立即建立联系，无需用户干预，相关的控制软件可以实现自动数据传输；同时，蓝牙连接具有强大的安全加密和抗干扰能力。特别设计了快速确认和跳频方案，以应对嘈杂的无线电环境；蓝牙芯片是蓝牙系统的关键技术，它的模块尺寸小、功耗低，可以集成到各种小型感知设备中。在通信网络层面，在蓝牙网络中，所有设备是对等的，各设备通过其自身唯一的 48 位地址来标识。可以通过程序或用户的干预将其中某个设备指定为主设备，主设备可以连接多个从设备形成一个微型网络。蓝牙设备间的数据传输也支持点对点通信方式。

基于蓝牙技术，可以开发智能监测装置，构建无线传感器网络，实现对岩土体的实时监测，通过部署蓝牙传感器，可以监测边坡变形、地下水位、土的渗透压力等参数；同时蓝牙技术还用于全站仪野外测绘数据的传输，可以有效保证传输的质量。

2. 无线保真技术（Wi-Fi）

无线保真技术（Wireless Fidelity，Wi-Fi）是一种允许电子设备连接到一个无线局域网（WLAN）的技术，通常使用 2.4GUHF 或 5G SHF ISM 射频频段。连接到无线局域网通常是有密码保护的，但也可以是开放的，这样就允许任何在 WLAN 范围内的设备可以连接上。Wi-Fi 是一个无线网络通信技术的品牌，目的是改善基于 IEEE 802.11 标准的无线网络产品之间的互通性。如今，Wi-Fi 是人们日常生活中访问互联网的重要手段之一。它可以通过一个或多个体积很小的接入点，为一定区域的众多用户提供互联网访问服务。

Wi-Fi 与蓝牙类似，同属于短距离无线通信技术。不过，Wi-Fi 传输距离可达数百米、传输速度可达 Mb/s 甚至 Gb/s 的无线传输，能够提供高速无线局域网（WLAN）的接入能力。Wi-Fi 覆盖范围半径可达 100m 左右，同时其传输速度快，但通信质量和安全性不是很好；Wi-Fi 最主要的优势是无须布线，因此非常适合一定范围内的数据感知信号传输的需要。Wi-Fi 无线网络的基本配备就是无线网卡及一台中继器（AP）。AP 就像一般有线网络的集线器，无线工作站可以快速且轻易地与网络相连。Wi-Fi 芯片的应用主要针对笔记本或手机，通常可以运行数小时后充电。

Wi-Fi 技术作为一种高速传输技术，其接入用户多的特点，在智慧工地视频传输、云计算大数据传输等方面深刻改变着岩土工程智能化的现状，但其覆盖范围较小，在数据传输体系中经常需要和 4G/5G 配合使用，才能将感知数据真正实现互联互通。

3. 4G/5G 通信技术

第四代无线通信技术（4G）：4G 技术能够在高速移动情况下提供高达 100Mb/s 的通信速率，以 LTE 和 WiMAX 为代表。

第五代无线通信技术（5G）：相较于 4G，5G 网速大约高出 10 倍，数据传输速度更是远远高于 4G，可以在 1s 内下载整部超高画质电影。5G 网络的出现，真正带动了岩土工程智能化的飞速发展。5G 技术的大带宽和低延时特点，能够满足高清摄像头数据的传输需求，从而解决了数据传输问题。随着岩土工程智能化程度提高，控制系统和传感系统需要协同分布式计算。传统模式是将收集到的数据上传，进行分析处理后再下达命令。而智能化发展需要在底层就进行协同，上传执行结果而不一定是数据本身。5G 技术能够满足这一需求。5G 技术可以全面感知系统，挖掘数据价值，按照应用场景划分对流程进行再造。这种架构特点是问题导向、微服务支撑、分布式决策，有效提升数据利用率，在底层实现敏捷性控制和响应。

2.3.3 无线传感网络

无线传感器网络（Wireless Sensor Networks，WSN）是当前在国际上备受关注、多学科高度交叉、知识高度集成的前沿热点研究领域。它综合了传感器、嵌入式系统、现代网络及无线通信和分布式信息处理等技术，能够通过各类集成化的微型传感器协同完成对各种环境或监测对象信息的实时监测、感知和采集。这些信息以无线方式发送，并以自组多跳的网络方式传送到用户终端，从而实现物理世界、计算世界以及人类社会这三元世界的连通。

在物体感知和检测应用中，单一传感器有时无法满足实际需求，通常需要多个传感器协同工作，共同采集数据，以完成对研究对象的特征提取。无线传感器网络是由部署在监测区域内的大量廉价微型传感器节点组成，通过无线通信方式形成的多跳自组织网络系统。其目的是感知、采集和处理网络覆盖区域中感知对象的信息，并将这些信息发送给观察者。因此，传感器、感知对象和观察者构成了传感器网络的三个要素。如果说互联网构成了逻辑上的信息世界，改变了人与人之间的沟通方式，那么无线传感器网络就是将逻辑上的信息世界与客观上的物理世界融合在一起，从而改变人类与自然界的交互方式。通过传感网络，人们可以直接感知客观世界，从而极大地扩展现有网络的功能和人类认识世界的能力。

其主要有三大特点：

（1）节点多且可移动性强。无线传感网络中的节点数量通常较大，这些节点可以在不同位置之间移动。这种可移动性使得网络适用于各种应用场景，例如环境监测、智能交通和农业等。

（2）分布式拓扑网络。无线传感网络的拓扑结构通常是分布式的，节点之间相互连接，形成一个自组织的网络。这种分布式拓扑使得网络具有灵活性和鲁棒性，能够适应不同环境和需求。

（3）节点资源有限。无线传感节点通常具有有限的计算、通信和能源资源。因此，在设计和管理网络时，需要考虑如何有效利用这些有限资源，以实现高效的数据传输和协作。通常这些资源都会被分配给中央处理系统。

无线传感器网络是一种大规模自组织网络，其体系结构包括无线传感器节点结构、网络结构和网络协议部分。

（1）无线传感器节点结构。传感器节点通常由微型传感器、处理器、存储单元和无线通信模块组成。这些节点负责感知环境中的信息，例如温度、湿度、压力等，并将这些数据传输到其他节点或基站。

（2）网络结构。无线传感器网络的网络结构是分布式的，由大量节点组成。这些节点通过无线通信方式形成自组织网络。节点之间的连接可以是直接的，也可以通过其他节点中继。这种分布式结构使得网络具有灵活性和鲁棒性。

（3）网络协议部分。为了实现有效的数据传输和协作，无线传感器网络需要一套协议。这些协议涵盖了数据传输、路由、能量管理、安全性等方面。例如，路由协议用于确定数据传输的路径，能量管理协议用于延长节点的电池寿命。

大量无线传感器节点随机部署在监测区域内部或附近，能够通过自组织方式组成网络。无线传感器节点感知的数据沿着其他传感器节点进行传输，在传输过程中感知数据可能被多个节点处理，路由到协调节点，汇聚节点是无线传感器网络中的关键部分。它们位于网络中心，负责将传感器节点采集的数据进行处理和融合。汇聚节点与用户节点连接，可以通过广域网或卫星直接通信，并对收集到的数据进行处理。通过网关经互联网或卫星到达数据处理中心。数据处理中心负责对采集到的数据进行处理、分析和管理。它配置和管理整个无线传感器网络，发布监测任务，并收集监测数据。

无线传感器网络机构多采用 5 层协议标准：物理层、数据链路层、网络层、传输层、应用层，与互联网协议栈的 5 层相对应。各层次的功能如下：

（1）物理层提供信号调制和无线收发技术。负责建立和管理节点之间的物理连接。它处理比特流的透明传输，屏蔽了具体传输介质和设备的差异，负责定义传感器网络中的协调（汇聚）节点和传输节点间的通信物理参数。

（2）数据链路层建立和管理节点之间的链路。它通过差错控制、流量控制等方法，将有差错的物理线路变为无差错的数据链路，提供可靠的数据传输。

（3）网络层主要是通信子网的最高一层。它负责路由选择、数据包转发和网络连接。路由器工作在这一层，选择信息传送的最佳路径。完成逻辑路由信息采集，使收发网络包裹能够按照不同策略到使用最优化路径到达目标节点。

（4）传输层负责数据流的传输控制，负责端到端的数据传输。它提供可靠的数据传输服务，例如 TCP 协议，为应用层提供入口。

（5）应用层包括一系列基于监控任务的应用层软件。支持特定网络应用，例如 HTTP、SMTP、FTP 等。它通过应用进程间的交互来完成通信。最终将收集后的节点信息整合处理，满足不同应用需要。

无线传感网络技术在岩土工程智能化和数字化方面具有重要意义。无线传感网络可以部署在岩土工程现场，实时监测土壤、岩石、结构物等的物理参数，通过无线传感网络，工程师可以实时获取数据并分析趋势，从而预测潜在的问题。无线传感网络为岩土工程提供了更多数据决策结果，使工程师能够制定更明智的决策。无线传感网络允许远程访问和控制，工程师可以通过互联网远程监控工程现场，进行实时调整和干预。传统的岩土工程监测通常需要大量人力和物力投入，无线传感网络可以自动收集数据，减少人工巡检频率，从而节省成本和资源。

2.3.4 卫星导航与定位

位置是物联网信息的重要属性之一，缺少位置的感知信息是没有使用价值的。位置服务采用定位技术，确定物体当前的地理位置，并利用地理信息技术与移动通信技术，向物联网中物体提供与其位置的信息服务。卫星导航实际上是通过测量卫星和地面站之间的距离以及确定它们之间的时钟关系，来明确卫星的位置信息。在已知卫星的位置和时间信息之后，地面用户同时接收到 4 颗卫星的导航信号之后就可以解算出自己的位置，这就是卫星导航定位的原理。在接收机对卫星观测中，用户可得到卫星到接收机的距离。利用三维坐标中的距离公式，利用三颗卫星就可以组成三个方程式，解出观测点的位置(X, Y, Z)。考虑到卫星的时钟与接收机时钟之间的误差，实际上有 4 个未知数，X、Y、Z 和钟差，因而需要引入第 4 颗卫星，形成 4 个方程式进行求解，从而得到观测点的经纬度和高程。在卫星导航与定位体系中，最具代表性的就是全球定位系统与北斗系统。

全球卫星定位系统（Global Positioning System，GPS）是目前世界上最常用的卫星导航系统。全球定位系统（GPS）最初称为 Navstar GPS，是一种基于卫星的无线导航系统，由美国政府拥有并由美国空军太空司令部运营。GPS 系统由一组卫星组成，这些卫星绕地球轨道运行。接收器（例如您的手机或导航设备）通过接收来自多个卫星的信号来确定其位置。通过计算信号传播时间和卫星位置，GPS 接收器可以精确计算出自身的地理坐标。GPS广泛应用于导航、地图、航空、航海、军事、科学研究和日常生活中。目前的军用 GPS 精度可达 0.3m，民用 GPS 精度也已达到 3m。

中国北斗卫星导航系统（BeiDou Navigation Satellite System，BDS）是中国自行研制的全球卫星导航系统，是继美国全球定位系统（GPS）、俄罗斯格洛纳斯卫星导航系统（GLONASS）、欧盟 GALILEO 之后的经联合国卫星导航委员会认定的供应商。

截至目前，北斗系统在轨卫星共有 45 颗。其中，包括 15 颗北斗二号卫星和 30 颗北斗三号卫星。这些卫星均在轨入网，提供稳定的导航和定位服务，且卫星健康状态良好，运行稳定。如今，北斗卫星导航系统的服务覆盖了全球 1/3 的陆地，使亚太地区 40 亿人口受益。中国最新发射的两颗北斗导航卫星有了重大突破，部件国产化率提高到 98%，其关键器部件全部为国产。

北斗卫星导航系统相较于 GPS 在技术上具有一些独特的优势：

（1）三频信号。北斗使用三频信号，而 GPS 使用双频信号，这是北斗的后发优势。尽管 GPS 从 2010 年开始发射了第一颗三频卫星，但直到 GPS 卫星全部老化报废并更换为三频卫星还需要几年时间。因此，这几年是北斗的优势期。三频信号可以更好地消除高阶电离层延迟影响，提高定位可靠性，增强数据预处理能力，大大提高模糊度的固定效率。此外，如果一个频率信号出现问题，北斗仍可以利用其他两个频率进行定位，提高了定位的可靠性和抗干扰能力。

（2）短报文通信。北斗系统具有独特的短报文通信功能。用户可以通过北斗终端发送短报文，不仅可以知道自己的位置，还可以与他人分享信息。在无网络覆盖的地区，北斗的短报文通信成为重要的应用，例如在远洋、深山、森林等环境中。北斗的短报文通信能力已经显著提升，支持发送更多汉字和图片等信息。

（3）全球搜救服务。北斗系统的卫星上装有搜救载荷，可以与其他全球卫星搜救系统一起，为全球用户提供搜救服务。在遇险情况下，北斗终端会自动发送搜救信号，卫星将这些信息转发到地面系统，快速计算遇险者的位置，协助救援工作。

几年来的应用结果表明，北斗系统信号质量总体上与美国 GPS 相当。北斗系统的实施带动了我国卫星导航、测量、电子、元器件等技术的发展。在我国的交通、通信、电力、测绘、防灾救灾等领域得到了广泛应用。在大型工程项目中，如桥梁、隧道、高速公路边坡等，北斗系统被用于实时监测施工进度、土体位移、结构变形等。例如，在六枝特大桥的施工中，北斗高精度服务帮助解决了技术难题，确保了世界级大桥的顺利建设。北斗系统提供高精度的定位服务，可用于测量基准高程、位置坐标等。例如，在黄黄高铁建设中，接触网施工参数一体化测量装置利用北斗和红外扫描功能，实现了毫米级的测量精度。位于北京市门头沟区的国道 109 新线高速公路安家庄特大桥顺利实现双幅同步空中转体。转体施工过程中，采用基于北斗的智慧定位监测系统，实时监测转体速度、俯仰角和横滚角等数据，并将实时数据回传 BIM 信息模型，实现"线上模型＋线下实体"同步转体，大大提高了转体施工安全性。北斗系统先后为平陆运河工程、西江航运航道工程、大藤峡水利枢纽工程、国家地下水监测工程等重点民生工程建设提供了高效、快捷、稳定的高精度服务和测绘基础服务，真正做到了国之重器。

2.3.5　云计算

云计算平台作为物联网架构中负责海量感知数据存储与分析的核心设施，不仅是网络传输层的关键组成部分，也构成了技术支持层与应用接口层的基石。在整个产业链条中，通信网络运营商在物联网网络层面扮演着至关重要的角色。同时，快速发展中的云计算平台正成为推动物联网进步的又一重要动力。

云计算的基本理念在于通过网络连接将众多计算资源进行统一管理与调配，形成一个供用户按需获取服务的计算资源池。提供这些资源的网络被形象地称作"云"，在使用者眼中，"云"内的资源似乎具有无限扩展的潜力，并且可以根据需求随时获取和使用；能够灵活扩展，并实现按实际使用量付费。云计算技术是网格计算、分布式计算、并行计算、效用计算、网络存储、虚拟化以及负载均衡等多种传统计算机与网络技术经过发展整合的结果。

云计算同样对岩土工程的实践有着重要意义。云计算提供了大容量、高效率的数据存储解决方案，有助于岩土工程中海量监测数据的存储和管理。通过云平台强大的计算能力，可以对岩土工程中复杂的数据进行快速处理和智能分析，提高决策的准确性，云计算支持多地点、多团队之间的协同工作，便于项目管理和资源共享，同时，按需使用计算资源，减少了硬件投资和维护成本，提高了经济效益。

2.4　数据处理[73]

2.4.1　数据准备

数据准备是数据分析和挖掘的基础，涉及以下扩展步骤：

（1）数据选择。这一步骤的核心是识别并提取对分析任务有价值的数据。在多源异构数据库环境中，这可能涉及复杂的查询和数据整合技术，以确保所选数据的质量和相关性。

（2）数据预处理。在此阶段，通过一系列技术手段清洗数据，包括噪声消除、缺失值处理、异常值检测和重复记录删除。此外，进行数据类型转换，如连续值离散化或离散值连续化，以适应不同的分析模型需求。

（3）数据变换。目标是通过特征提取和维度缩减技术，如主成分分析（PCA）或线性判别分析（LDA），从而提高计算效率并揭示更深层次的数据结构。这有助于减少后续分析中需要处理的变量数量，同时保留最具信息价值的特征。

在整个过程中，必须考虑到数据的完整性、一致性和准确性，以确保分析结果的可靠性。特别是在边坡工程领域，这些步骤对于确保模型能够准确预测和评估至关重要。

2.4.2　数据融合

数据融合的定义可归纳为：在时间序列和空间序列的基础上，综合利用多源感知信息，并运用计算机技术在既定准则下进行自动化分析与综合，以实现决策制定和估计，从而获取比单一系统组成部分更为全面的信息。数据融合技术中，感知设备构成硬件基础，多源信息成为处理对象，而协调优化与综合处理则是其核心功能。感知数据以其海量性、多态性、动态性和关联性为特征，且感知层节点众多。直接传输实时采集的大量感知数据至应用层将消耗宝贵的能源和网络带宽。因此，一方面通过消除冗余信息以降低网络通信成本，另一方面通过整合多种信息源以提高数据准确性。

数据融合的基本原理是充分利用多感知设备资源的冗余性和互补性，按照特定准则对这些设备及其观测信息进行分析和综合，以得出对被测对象的一致性解释或描述。这使得系统提供的信息比其各个组成部分单独提供的信息更具优势。在数据融合系统中，各种感知设备的数据可能具有不同特征，可能是实时或非实时、模糊或确定、支持或互补、矛盾或竞争。数据融合能够消除单个或少量传感器的局限性，更有效地利用信息资源。处理的多感知设备数据形式更为复杂，包括数据级、特征级和决策级三个不同融合层次。

（1）数据级融合是底层融合，针对采集感知得到的原始数据进行操作，是面向数据的融合。这类融合通常依赖于感知类型而非用户需求。

（2）特征级融合通过特征提取手段将数据转化为特征向量序列，反映监测对象属性，是面向监测对象特征的融合。

（3）决策级融合根据应用需求进行高级决策制定，是最高层次的融合。它依据特征级融合提取的数据特征进行监测对象判别、分类，并执行满足应用需求的逻辑运算。

在传感器网络的部署中，根据特定应用的需求，可以灵活地采用三种不同层次的融合技术。例如，在数据结构简单的场景中，可能仅需运用特征级融合而非数据级融合；而在需要处理大量原始数据的场合，则必须依赖于强大的数据级融合能力。

从信息流动性和处理层次来看，多传感器数据融合结构主要分为集中式、分布式、混合式和多级式四种形态：

（1）集中式结构通过将传感器收集的数据直接传输至融合中心进行对齐、互联和综合处理，能够最小化信息损失。然而，这种结构面临数据互联的挑战，且对系统容量和计算能力要求较高，可能影响系统的持久性。

（2）分布式结构则由各感知设备先行处理检测报告，再将处理后的数据发送至融合中心进行汇总。这种结构不仅具备局部独立跟踪能力，还能进行全局监视和评估，且成本可控。

（3）混合式结构结合了集中式和分布式的优点，同时传输原始探测报告和经过局部处理的信息，但这会增加通信和计算成本。

（4）多级式结构允许各局部融合节点采用集中式、分布式或混合式结构。这些节点将处理多个传感器的数据，并将其传送至系统的融合节点进行进一步处理，即目标检测报告需经过两级或以上的融合处理。

无论是在像素级、特征级还是决策级进行信息融合，其根本目标均为完成跟踪、识别、分类或决策任务。在融合处理前，必须确保信息关联性，以保证所融合的信息均源自同一目标或事件，确保信息一致性。

2.4.3 数据挖掘

在数据挖掘过程中，首要任务是明确挖掘目标，这可能包括数据概述、概念描述、分类、聚类、关联规则探索、序列模式识别以及相关性分析等多种分析模型。一旦确定了挖掘任务，接下来的关键决策是选择合适的挖掘算法。不同的算法可能适用相同的任务，但选择时需考虑两大因素：

（1）数据特性。不同类型的数据集具有独特的属性和结构，这要求选择能够有效处理这些特性的专门算法。

（2）用户需求与系统要求。不同用户或系统可能对挖掘结果有不同的期望，如一些用户可能更倾向于描述性和易于理解的知识，而另一些用户则更注重预测型知识的准确性。

数据挖掘算法是知识发现过程中的核心，为了实现优异的挖掘效果，研究者必须对所选算法的要求、前提假设以及其在特定数据集上的表现有深入的理解。

2.4.4 数据解释评估

在数据挖掘领域，评估和优化发现模式的质量是至关重要的。经过初步挖掘后，所得模式需经过严格的评估流程，以识别并剔除那些冗余或无关的模式。这一过程不仅涉及模式的统计显著性检验，还包括其对预定业务目标的实际贡献度评估。

若评估结果表明模式未达到用户的预期，可能需要对数据挖掘流程进行反向追踪，重新审视数据选择、预处理、变换方法以及挖掘算法的适用性。这可能涉及对数据集进行更细致的分割，采用更先进的数据变换技术，或调整挖掘算法中的参数设置。

数据挖掘质量受到所用技术有效性和数据本身质量与量级的双重影响。不当的数据或属性选择、不适宜的数据转换都可能导致知识发现过程中出现误导性或无效性结果。因此，数据挖掘是一个不断反馈和迭代的过程，需要在实践中不断优化和调整。

为了确保知识发现成果能够被用户有效理解和应用，将复杂的模式以可视化形式呈现变得尤为重要。这不仅提高了用户对挖掘结果的认知度，也促进了决策支持系统中知识的实际应用。最终目标是通过用户中心化的方法，实现数据挖掘在各个领域中的有效应用。

2.4.5 数据可视化

数据可视化是将数据、信息和知识转换为视觉表现形式的过程，它在人类与计算机——两个最强大的信息处理系统之间架起了桥梁。随着图形处理器的快速发展和高分辨率显示器的普及，信息可视化领域受到了前所未有的关注和信赖。有效的可视化界面使得用户能够迅速、高效地处理大量感知数据，以揭示隐藏在数据中的特征、关系、模式和趋势。

近年来，随着互联网技术的飞速发展、岩土工程行业的计算机化以及数据库技术的进步，大数据可视化已成为众多工程技术领域不可或缺的基础工具。信息可视化通过处理各类感知数据及其在工程领域中的相关分析任务，揭示信息中的模式、聚类、差异与联系、趋势等。其核心在于信息的有效展示。岩土工程信息具有固有的抽象性，既可以是数据，也可以是过程、关系或概念；同时，这些信息往往量大质杂，来源多样。不同类型的信息对知识发现和智慧决策至关重要。信息可视化旨在探索和发现新的可视化"隐喻"，以便于工程人员理解和分析任务，并对工程信息进行观察、操作、检索、导航、探索、过滤、发现和理解。

数据可视化涉及科学可视化、人机界面设计、信息检索、数据挖掘、图像处理和图形学等多个领域，并与认知工程、心理学以及艺术等人文学科紧密相连。岩土工程数据可视化对专业人员而言至关重要，它通过将复杂数据和模型以图形或图像形式呈现，帮助工程师和研究人员直观理解地质结构和工程特性；同时，可视化工具提供了一个共通的视觉语言，促进了专业团队内部以及与非专业人士之间的有效沟通。通过可视化分析快速识别边坡潜在风险区域，支持精确、及时决策制定。总体而言，数据可视化不仅提升了边坡工程领域数据分析效率和准确性，也为风险管理和灾害预防提供了强有力的支持。

第3章

智慧决策原理

3.1　引言

3.1.1　智慧决策

在计算机科学及其应用领域——包括科学计算、数据处理与管理信息系统——的发展推动下，智慧决策的理论基础和实践框架已逐渐成形。智慧决策[73]是一个跨学科的集成体，它融合了人工智能、决策支持系统、知识管理系统、专家系统以及管理信息系统中的知识、数据和业务流程，以提供更高效的决策辅助。该系统通过模型库、方法库和专家库等工具进行分析和推理，从而协助解决复杂的决策问题。智慧决策支持系统的应用，使得决策过程能够更深入地利用现有的知识体系，进行多维度的知识与数据挖掘及分析。它具备处理定量分析和定性评估的能力，标志着信息系统发展的最高水平，并成为信息社会的关键特征。智慧决策的实施不仅增强了信息资源的价值，而且将数据资源转化为企业和工程项目中不可或缺的核心资产。

当前，智慧决策技术已被广泛应用于电子商务、风险评估、故障预警、汽车制造（车载系统）、智能交通、连锁零售和市场营销等多个专业领域。众多信息技术和智能技术正被集成到智慧决策领域中，例如，云计算技术作为强大的信息处理后端支持智慧决策；社交网络分析被用于辅助智慧决策，通过"社交重新定向"来分析消费者群体的行为模式；物联网和体感技术则用于感知外部客户需求的动态变化。在智慧城市构建中，智慧感知与智慧决策平台致力于解决节能、环保和水资源等民生问题，辅助城市在定位、功能培育、结构调整和特色建设等方面的现代化发展。在电网调度领域，智慧决策支持技术被用于从海量数据中提取有价值的信息，以实现电网监控、智能报警、电力系统分析和节能发电调度等功能，进而自动生成决策并校验其效果，展现了智能化决策支持系统的潜力。

3.1.2　智慧决策核心

到目前为止，智慧决策技术核心包括数据挖掘、专家系统、人工智能三大方面。

1. 数据挖掘

数据挖掘是一个从大规模感知数据和现场数据中提取知识的复杂过程，它主要用于从海量数据集中发掘有用的信息或模式，以辅助决策制定。这一过程涉及对数据的预处理、分析和解释，旨在识别出潜在的有价值的信息，这些信息可以用于预测未来趋势或行为，从而为决策者提供科学依据。

传统的数据分析方法依赖于数据库技术来检索、查询或统计数据，并且通常需要人工进行数据分析、判断和解释。这种方法不仅效率低下、成本高昂，而且由于过度依赖人工分析，容易受到主观判断的影响。

相比之下，数据挖掘通过一系列步骤——包括数据清理、集成、选择、变换、挖掘和评估——来自动化发现过程。在数据清理阶段，系统会去除噪声和不一致的数据。数据集成阶段将多个数据源合并在一起。选择阶段涉及根据分析目标选择相关的数据子集。变换阶段则是将数据转换成适合挖掘过程的形式。挖掘阶段使用算法从数据中提取模式。最后，在评估阶段，这些模式和知识被评估以确定其对决策支持的实际价值。

通过这些步骤，数据挖掘能够有效地从大量数据中自动提取出对决策有帮助的知识，不仅提高了决策的质量和效率，还降低了成本。最终提取出的有价值信息可作为智慧决策支持系统中下一步决策制定的重要数据源。

2. 专家系统

专家系统是一种集成了丰富知识程序的计算机系统，它模仿人类专家解决问题的能力，依赖于大量专业知识来处理特定领域的复杂问题。专家系统主要由知识库和推理机构成。知识获取过程涉及将专家的知识以特定的表示形式输入到系统的知识库中。由于专家经验通常难以量化，因此需要将其转化为计算机可读取、存储并支持决策分析的格式化数据库。专家系统旨在模拟特定领域专家的问题解决能力，并辅助决策者进行决策，这也是传统专家职能的一部分。在处理非结构化问题方面，专家系统已取得显著成就。鉴于决策领域常面临非结构化问题，探索如何将专家系统与决策支持系统相结合以更好地支持决策，成为智慧决策系统发展的关键。专家系统是一种模拟人类专家决策过程的高级计算机程序，它们的核心特点在于：

（1）知识信息处理：专家系统主要用于处理和应用知识信息，而不是简单的数值计算。这些系统依靠先进的知识表达技术来模拟专家的思维方式，而不是传统的数学描述方法。

（2）知识利用系统：专家系统通过知识获取、表达、存储和编排来建立一个全面的知识库及其管理系统。这个知识库包含了大量专家级的知识和经验，可以被推理机用来解决特定领域内的复杂问题。

（3）知识推理能力：专家系统采用基于知识的程序设计方法，其工作原理是通过环境模式驱动下的知识推理过程来模拟专家的判断和决策过程，而不是简单地执行固定程序控制下的指令。

（4）咨询解释能力：专家系统不仅能够对用户提出的问题给出解答，还能够对其推理过程进行详细解释，并提供答案的可信度估计，从而增强用户对系统输出的信任。

各组成部分具体功能如下：

（1）知识库：它是专家系统中用于存取和管理所获取的专家知识和经验的核心部分。它具备知识存储、检索、编排、增删、修改和扩充等多种功能。

（2）推理机：这是利用知识库中的信息进行推理并求解专门问题的组件。它具有启发式推理、算法推理、正向推理或双向推理等多种功能。

（3）解释器：作为专家系统与用户之间的人机接口，它负责将用户输入的提问和相关事实、数据与条件转换为推理机可接收的信息，并向用户输出推理结论或答案。同时，它还能根据用户需要对推理过程进行解释，并给出结论的可信度估计。

3. 人工智能

在智慧决策系统的领域内，人工智能的应用范围极为广泛，涵盖了人工神经网络、遗传算法、机器学习、自然语言理解等多种技术。

人工神经网络，亦称为连接模型，是一种仿照人脑神经元网络行为特征而设计的分布式并行信息处理算法模型。该模型通过调整大量内部节点间的相互连接关系，依据系统本身的复杂性来实现信息处理。

遗传算法则是一种启发式搜索技术，其设计灵感来源于生物进化中的自然选择和遗传原理。它通过对结构对象的直接操作，利用概率化搜索方法，在不需要求导和函数连续性限制的情况下，具备优秀的全局优化能力，并能自适应地调整搜索空间和方向。

机器学习是一门研究如何让机器模拟人类学习过程的学科，它探讨了认知模型、通用学习算法以及专用学习系统构建方法。目前，机器学习技术已在知识系统和决策科学领域得到广泛应用，并包含了决策树、粗糙集、证据推理以及案例推理等多种算法模型。

自然语言理解，亦称为人机交互对话，涉及使计算机能够理解和处理人类用于交流的自然语言。该研究领域致力于通过电子计算机模拟人类的语言交际过程，旨在赋予计算机理解并运用如汉语、英语等人类社会自然语言的能力，以实现人机间的自然语言通信。这一技术的应用目的在于替代人脑在查询资料、解答问题、文献摘录、资料汇编以及其他自然语言信息处理活动中的部分劳动。在当前科技革命的浪潮中，自然语言理解技术占据了极其重要的地位。构建第五代计算机的核心目标之一便是赋予其理解和运用自然语言的功能。目前，如 ChatGPT 等大型语言模型正是在此领域内取得显著进展的典范。

3.1.3　专家−智慧决策系统

20 世纪基于数据处理和模型驱动的决策支持系统主要关注定量分析，但在处理不确定性和非结构化问题时显得力不从心，缺乏知识和专家支持，难以与工程实践紧密结合。相比之下，基于知识库的专家系统强调定性分析，并具备模拟人类专家水平能力。因此，在传统决策支持系统中集成人工智能领域的专家系统，使之发展为智慧决策系统。通过将专家系统与评价标准整合进决策支持系统中，形成了一套综合性分析系统。

专家−智慧决策系统基于大量专家知识和感知数据，将这些信息存储于数据库和知识库中，以服务于问题处理系统。该系统通过对实际问题的分解与分析，构建问题求解的整体框架模型，并根据该模型各部分的目标、功能、数据和求解要求来确定是否构建新模型、选择现有成熟模型、模型组合方式以及所需数据类型，是采用数值计算模型还是知识推理模型进行处理方法选择，进而进行求解。智慧决策系统将求解结果或支持决策的信息反馈给用户。该系统结合了专家系统在定性分析问题上以知识推理解决方案的特点，以及决策支持系统在定量分析问题上以模型计算为核心的特点，实现了定性与定量分析的有机融合，从而拓展了问题解决的能力和应用范围。

3.1.4　人工智能推理

人工智能（Artificial Intelligence，AI）是一门集中于研究、开发模拟、增强及扩展人类智能的理论、方法、技术及应用系统的技术科学新领域。作为计算机科学技术的前沿领域，人工智能的研究方法主要可划分为符号学派、行为学派和连接学派三大流派。

（1）符号学派，亦称逻辑主义、心理学派或计算机学派，基于物理符号系统假设和有限合理性原理，被视为"经典人工智能"。其核心特征在于运用描述性语句来定义问题及其解决方案。

（2）行为学派，也被称作进化主义或控制论学派，是建立在"感知-动作"控制系统之上的 AI 研究流派。该流派强调仿生原理，认为进化是获取智能的基本途径。

（3）连接学派则是基于网络连接构建的一种较新方法，以信息的分布式处理和并行计算为特点，并强调系统的自组织和自学习能力。神经网络是该流派中典型的技术手段之一。

推理是解决问题时人类智能活动中的核心思维模式。所谓推理，即是基于特定策略，从既有的事实与知识出发，逻辑地推导出结论的过程。在人工智能领域，为了模拟人类的智能过程，集成了多样化的推理方法。根据其类型，主要可以分为：

（1）演绎推理：此类推理基于全称命题，以逻辑方式推导出特称或单称命题，即从一般到个别的逻辑演绎过程。三段论是其最常见的形式。

（2）归纳推理：通过对大量特定事例的观察，归纳出一般性结论的过程，是从个别到一般的逻辑归纳方法。

（3）默认推理：亦称缺省推理，在知识不完全时，假设某些条件已满足进行的推理。

进一步地，根据所使用知识的确定性，推理可分为确定性推理与不确定性推理。确定性推理，当推理过程中所依赖的知识是精确无误的，即知识可表述为必然的因果关系，并进行逻辑推导时，得出的结论具有明确的真或假属性。例如归结反演、基于规则的演绎系统等。不确定性推理，在人类知识体系中，许多基于主观判断且不精确、模糊的知识，由此产生的推理规则往往带有不确定性。基于这些不确定规则进行的推理得出的结论也同样带有不确定性。专家系统中常用此类推理。

最后，根据是否应用与问题相关的启发性知识进行分类，可将推理分为启发式与非启发式。启发式推理，在推理过程中应用与问题密切相关的启发性知识，如解题策略、技巧和经验等，以提升推理效率和搜索效果。非启发式推理，在推理过程中不引入启发性知识，仅依靠通用控制逻辑进行。这种分类有助于深入了解和应用人工智能在复杂问题求解中的多样化思维模式。

人工智能推理是智慧决策过程中不可或缺的核心环节。它涉及使用算法和计算模型来模拟人类的逻辑推理过程，从而使机器能够进行问题解决、学习和自我改进。在智能系统中，推理机制负责处理和分析大量数据，通过逻辑推导出有用的信息和知识，进而支持复杂决策任务。这种推理能力使得人工智能系统不仅能够执行预定任务，还能在面对新情况时做出合理反应和预测，从而在岩土工程各个领域发挥关键作用。

3.2 机器学习与深度学习

3.2.1 概述

机器学习（Machine Learning，ML）是人工智能领域的一个分支，旨在使计算机系统能够自动从数据中学习和提高性能，而无需明确的编程。机器学习使用算法来解析海量数据，从中找出规律，并完成学习，用学习出来的思维模型对真实事件做出决策和预测。常见的机器学习任务包括分类（例如判断邮件是否为垃圾邮件）和回归预测（例如预测股价）等。

深度学习（Deep Learning，DL）是机器学习的一个子领域，它利用多层神经网络来处理复杂的数据和任务。深度学习中的神经网络由许多节点和层组成，每个节点接收输入并计算相应的输出。通过不断调整网络参数，深度学习可以自动发现数据中的复杂模式，并产生高质量的预测或分类结果。深度学习的热门应用包括计算机视觉、语音识别和自然语言处理（NLP）等。

机器学习和深度学习技术已经得到广泛应用，为解决复杂问题提供了新的方法和洞察。相关算法在岩土工程中得到了较为广泛的应用：

（1）预测模型建立：使用深度学习来预测土和岩石的力学行为，例如土压力、剪切强度等，形成全新的本构模型，有助于优化设计和施工过程。

（2）数据驱动特性分析：通过机器学习算法分析大量试验数据，可以识别土和岩石的非线性特征。这有助于更准确地模拟和预测工程行为。

（3）地质结构识别：应用深度学习技术如卷积神经网络（CNN），识别和分类边坡的地质结构和岩石类型。这对于边坡地质勘探和边坡工程设计至关重要。

3.2.2 主要范式

机器学习主要可以分为以下 4 种不同的范式，每一种都有相应的应用场景：

（1）监督学习（Supervised Learning）：这是一种典型的机器学习方法，其中模型从标记的训练数据中学习，并尝试对新的未见过的数据做出预测或决策。训练数据包括输入和正确的输出，模型通过学习这些样本来找到输入和输出之间的关系。该范式经常应用于分类问题（如垃圾邮件检测）、回归问题（如房价预测）等。

（2）无监督学习（Unsupervised Learning）：在无监督学习中，模型处理未标记的数据，目标是发现数据中的隐藏结构或模式。由于没有给定正确的输出，模型必须自行找出数据的组织方式。该范式经常应用于聚类分析（市场细分）、降维（特征提取）。

（3）半监督学习（Semi-Supervised Learning）：半监督学习结合了有标记和无标记数据的训练集，通常在有大量未标记数据和少量标记数据的情况下使用。模型利用未标记数据中的信息来提高学习精度。通常应用于文本分类、图像识别。

（4）强化学习（Reinforcement Learning）：强化学习是一种与环境互动并通过试错来学习最佳策略的方法。模型（称为智能体）在环境中执行操作，并根据操作结果（奖励或惩罚）来调整其行为。目前该方法已经被用于自动驾驶汽车、机器人导航等方面。

每种学习范式都有其独特的应用场景，在实际的工程实践中选择哪一种取决于具体的数据类型以及期望得到的结果。

3.2.3　机器学习算法应用

目前，随着岩土工程智能化的脚步加快，越来越多的机器学习算法也被广泛地应用到岩土工程的分析与决策之中[74]。其中最常使用的有以下几种：

（1）线性回归（Linear Regression）：找到最佳拟合直线（或超平面），使得实际观测值与预测值之间的差异最小，通过最小化误差的平方和来计算权重和偏差。简单且易于实现，适合基于历史数据进行趋势分析。常用于预测连续值，如坡面沉降量、变形量等。

（2）决策树（Decision Trees）：通过一系列规则对数据进行分割，每个分割代表一个决策节点，直到达到最优分类。使用算法如 ID3、C4.5 或 CART 来构建树结构，选择最佳分割属性。其优势是易于理解和解释，可以处理非线性关系，常用于分类和回归问题，如边坡土体类型分类或滑坡风险评估。

（3）支持向量机（SVM）：在特征空间中找到一个超平面，以最大化不同类别数据点之间的边界。通过解决一个优化问题来确定超平面的参数，可以使用核技巧处理非线性数据。其本身具有强大的分类器，能够处理复杂的数据结构。被用于适用于高维数据的分类问题，如土坡开裂识别或岩坡结构面检测。

（4）神经网络（Neural Networks）：模拟人脑神经元的工作方式，通过多层处理单元进行特征提取和变换，使用反向传播算法训练网络，调整权重以最小化预测误差，目前使用较为广泛的算法，可以模拟复杂的非线性关系，并适应大量数据用于复杂的模式识别和预测问题，如边坡地质特征识别或湿度预测，坡面变形预测等。

（5）随机森林（Random Forests）：构建多个决策树并进行集成学习，以提高整体模型的准确性和稳定性。每个决策树使用随机选择的特征子集进行训练，最终结果由所有树的预测结果投票决定。能够处理大量特征，并提供重要性评分，常用于边坡岩土分类、定级、评价等问题。

（6）聚类算法（Clustering Algorithms）：将数据点分组，使得同一组内的点相似度高，不同组间的点相似度低。代表性算法为 K-Means 算法，通过迭代移动聚类中心来优化组内距离；层次聚类通过逐步合并或分割群组来形成层次结构。用于无监督学习任务，如土样本分组或地质结构分析。具有强大的功能，可以发现数据中的自然分组。

（7）主成分分析（PCA）：通过正交变换将可能相关的变量转换为一组线性不相关的变

量（主成分）。计算数据协方差矩阵的特征值和特征向量，选择主要成分进行降维，常用于岩土监测数据提取关键特征，可以在多源数据融合算法中提取主要信号，例如边坡监测曲线趋势项、周期项等。该算法可以有效简化模型并减少计算复杂性。

（8）时间序列分析（Time Series Analysis）：基于历史数据预测未来值，考虑时间序列的趋势、季节性和周期性。代表算法为 ARIMA，该算法模型结合自回归（AR）、差分和移动平均（MA）部分来拟合时间序列数据，能够考虑时间相关性和周期性因素。常用于预测时间依赖性数据，如地下水位变化、维度变化等。

这些算法通常需要专业知识来校准和调整参数。因此在岩土工程中应用这些算法时，通常需要对地质数据有深入了解。

3.2.4 深度学习算法应用

深度学习（Deep Learning）是机器学习的一个分支，但由于其在海量数据上的优异性能，逐渐成为人工智能领域的主流方向。深度学习是一种以人工神经网络为架构，对数据进行表征学习的算法，本质上是对人工神经网络的叠加与升级。通过对观测值的特征进行提取加强，使用某些特定的表示方法更容易从实例中提取需要的特征。深度学习的好处是用非监督式或半监督式的特征学习和分层特征提取高效算法来实现特征的自动提取。同时在通常将具有两层或两层以上隐藏层的神经网络叫作深度神经网络。深度神经网络也能够为更加复杂的非线性系统提供建模，为模型提供更高的抽象层次，因而提高了模型的泛化能力。深度神经网络通常以前馈神经网络、循环神经网络为主。同时深度学习算法也被应用在岩土工程的分析决策过程中，常见的有以下几种：

（1）卷积神经网络（Convolutional Neural Network，CNN）：该网络在计算机视觉领域取得了成功的应用后，经常被用于各类图像的信息提取。其通过卷积层自动提取图像特征，然后通过池化层降低特征维度，最后通过全连接层进行分类或回归。强大的图像处理能力，能够从复杂的图像数据中提取关键特征。其应用场景非常广泛，涵盖边坡图像的特征识别，如裂缝检测、纹理分类、岩石分析等。同时经常用于遥感图像的语义识别与分析，如滑坡范围识别、破坏物识别等。

（2）循环神经网络（RNN）：其基本思路是通过循环连接捕捉时间序列数据中的时序信息，其变体 LSTM 和 GRU 网络，通过特殊网络结构解决长期时间依赖性的问题。通常被用于时间序列数据分析，如地下水位预测、地面沉降监测等，具有良好的效果。

（3）深度信念网络（DBN）：由多个受限玻尔兹曼机（RBM）堆叠而成，通过无监督学习逐层预训练，然后进行微调。具有强大的特征学习能力，可以发现数据中隐藏的结构。常用于复杂数据集的特征提取和降维，如多源监测数据融合等工作。

（4）生成对抗网络（GAN）：由生成器和判别器组成，通过对抗过程训练生成器产生高质量的数据。能够生成新的、逼真的样本数据，有助于改善模型性能。通常用于在数据不足时，实现图像集合的扩增。可用于边坡图像集合数据增强。

（5）生成预训练变换器（GPT）:该算法是一种自然语言处理模型,GPT基于Transformer

架构，它使用自注意力机制来处理序列数据。模型支持在大量文本数据上进行预训练，学习语言的通用模式和结构，然后在特定任务上进行微调，以适应特定的应用场景。目前大火的大语言模型 ChatGPT、Gemini 等都是在 GPT 算法的基础上进行研发的，该算法能够理解和生成复杂的语言表达，自动化处理文本相关任务，减少人工工作量，在实践中也得到了广泛的应用，可以自动总结和分析边坡工程相关的研究论文和报告，根据监测数据和历史案例，生成风险评估报告，同时，辅助研究人员对监测数据进行解释，自动生成标签和注释。

这些深度学习算法在岩土工程中的应用提高了分析和预测的准确性，并为处理复杂问题提供了新的解决方案。随着计算能力和算法研究的进步，它们在未来将发挥更大的作用。

3.3　智慧决策的基本模型

智慧决策的一个关键工作就是寻找到相对应的分析模型，这些模型是决策过程中不可或缺的部分。根据相应的分析模型可以实现决策算法，这些算法能够处理和分析大量数据，从而提供有价值的洞察和预测，帮助决策者做出更加明智的选择。通过综合运用这些模型，智慧决策系统能够在复杂多变的环境中提供准确的预测和建议，极大地提高了岩土工程项目的安全性和效率。决策模型主要包含关联模型、分类模型、回归模型等。

3.3.1　关联模型

在数据挖掘领域的知识模式中，关联模型是一种常见的分析方法。通常，通过研究变量之间的关联性问题来发现数据集中的关联规则。这些关联规则通常用支持度、可信度这两个关键指标来衡量。支持度（Support）衡量了一个关联规则在数据集中出现的频率。只有当支持度大于用户指定的最小值时，关联规则才被考虑。可信度（Confidence）表示在给定前提条件下，规则的后件发生的概率。只有当可信度大于用户指定的最小值时，关联规则才被视为有效。相应的阈值可以由领域专家根据具体应用场景设定。在数据建模中，基于预处理数据的关联规则应用广泛，可用于解决岩土工程领域各数据之间的显著性问题。

数据的关联模型通常有以下几种：

（1）布尔型关联：这种模型处理离散的数据，用于表征变量之间的关系。它适用于处理二元数据，例如是否发生某个事件。

（2）数值型关联：数值型关联模型可以与多维关联或多层关联规则结合使用。它用于处理数值型字段，可以动态地将字段分割，或直接对原始数据进行处理。当然，数值型关联规则中也可以包含种类变量。

（3）单层关联：这种规则没有考虑数据的多个不同层次。它适用于数据没有明显层次结构的情况。

（4）多层关联：相比之下，多层关联规则充分考虑了数据的多层性。这对于处理具有层次结构的数据非常有用。

（5）单维关联：这种规则只涉及数据的一个维度。例如，我们可能只关心某个特定属性的关联性。

（6）多维关联：要处理的数据将涉及多个维度。这种模型适用于复杂的数据集，其中多个属性之间存在关联。

关联模型属于描述型模型，通常应用无监督学习的方法进行数据的挖掘。挖掘关联规则的算法已有很多种，典型的关联规则挖掘算法有 AHP 和 DHP 等，它们都属于数据库遍历类算法。AHP（Analytic Hierarchy Process）是一种多准则决策方法，用于处理复杂的决策问题。它将问题分解为层次结构，并通过对比不同层次的因素来确定权重。虽然 AHP 不是专门用于关联规则挖掘，但它在决策支持系统中的应用非常广泛。DHP（Dynamic Hashing and Pruning）是一种用于关联规则挖掘的算法。它基于哈希技术，动态地维护一个候选项集，以减少搜索空间并提高效率。DHP 适用于大规模数据集，可以有效地发现频繁项集和关联规则。其核心思想是找到所有支持度大于最小支持度的项集，使用搜索出的频集产生期望的规则，通常为了减小模型计算的冗余度，通常会采用数据采样、划分、动态项计数的方法实现数据集合的精简。

3.3.2 分类模型

智慧决策的另一个重要应用是对大量数据的分类能力，又定义为分类模型。分类和预测是两种基本数据分析形式，可用于提取描述重要数据类的数据模型或预测未来的趋势。分类问题也是机器学习、模式识别、专家系统、统计学和神经生物学的研究领域，并已开发出许多相应的算法：

（1）决策树：决策树以树状结构表示决策过程，每个节点代表一个特征，分支代表不同的决策路径。这使得决策树模型在可视化和解释方面非常有优势。决策树可以处理离散和连续特征，而不需要额外的数据转换，其可以自动选择最重要的特征。

（2）贝叶斯分类：贝叶斯分类器使用贝叶斯定理来估计不同类别的概率。这使得它对不完整或噪声数据具有极佳的鲁棒性。贝叶斯分类器在样本量较少的情况下也能表现良好。同时该分类器可以处理多类别分类任务。

（3）神经网络：神经网络可以学习复杂的非线性关系，具有强大的非线性建模能力，适用于高维数据和非线性问题，其在大规模数据集上表现出色，同时可以直接从原始数据中学习特征，无需手动提取特征。

（4）K 邻近算法：K 最近邻（K-Nearest Neighbors，KNN）是一种常见的分类模型。在 KNN 中，给定一个样本，它搜索模式空间，找出最接近未知样本的 K 个训练样本，即 K 个近邻。这种近邻性通常由欧几里得距离来定义。KNN 是一种基于实例的学习方法，它存储所有训练样本，并在需要对新样本进行分类时才进行计算。在岩土工程数据挖掘领域，已经有许多关于 KNN 应用的研究报道。

（5）仿生算法：遗传算法和进化计算是基于生物学优胜劣汰、自然进化机理的研究领域，适合于数据分类问题。遗传算法是一种优化技术，灵感来自于遗传学中的自然选择和遗传变异。它通过模拟进化过程来搜索最优解。在数据分类中，遗传算法可以用于特征选择、参数优化和模型构建。进化计算是一类算法，包括粒子群优化、蚁群算法等。这些方法模拟生物进化过程，通过迭代优化来寻找问题的最优解。在数据分类问题中，进化计算方法可以用于优化模型参数、选择特征子集或构建分类器。

3.3.3 聚类模型

聚类模型是一种科学有效的数据分组方法，其目的是利用计算机技术将一个数据集划分成若干类，并使同一类内的对象具有最大的类内相似性，同时尽可能减小不同类之间的类间相似性。聚类作为一种基于观察式学习的方法，帮助人类认识和探索自然界事物之间的内在联系。聚类模型从样本数据出发，根据对象间的相似性或相异性自动进行分类，无需事先给出分类标准，所有数据类别都是未知的。相似的对象被归入同一组，而差异较大的对象则被分到不同的组，属于一种无监督学习方法。

聚类分析通常先确定聚类统计量，然后利用统计量对样本或者变量进行聚类。根据分类对象的不同，聚类分析可分为样本聚类和变量聚类两种。对样本进行分类处理的方法称为 Q 型聚类，用来衡量样本个体之间属性相似程度的统计量称为"距离系数"，对变量进行分类处理的方法称为 R 型聚类，用来衡量变量之间属性相似程度的统计量称为"相似系数"。

聚类模型通常分为数据变换、相似性度量、类间测度距离计算三个核心步骤。其中数据变换常用到标准化法、极大值正规化法、均值正规化法等不同的变换标准，其核心就是将数据调整为无量纲形式；相似性度量根据 Q 型与 R 型的不同，Q 型聚类通常引入距离来判断，包括明可夫斯基距离、欧式距离、切比雪夫距离等；R 型聚类则通过定义相似距离来进行，包括皮尔逊相关系数、余弦相似系数等；类间测度距离是经过数据分组后，进行聚类评价的方法，通常有最长/最短距离法、中心法、类平均法等。

同时，按照聚类原理，聚类模型可分为划分聚类、层次聚类、密度聚类、网络聚类、模糊聚类等多种方法。其中：

划分聚类应用广泛且收敛速度快，划分聚类适用于大规模数据集，其计算效率较高。划分聚类倾向于识别凸形分布、大小相近、密度相近的聚类，但中心选择和噪声聚类对结果影响很大。

层次聚类适用于任意形状和属性的数据集，可以在不同层次上进行聚类，具有强大的聚类能力。但层次聚类的执行时间相对较长，且无法回溯处理。

密度聚类：适用于对空间数据进行聚类，连接密度足够大的相邻区域，同时可以有效处理异常数据。但处理时间与每维空间所划分的单元数相关，可能降低聚类的质量和准确性。

网络聚类：适用于任意类型数据，网络聚类不受数据对象数目的限制，且处理时间与数据输入顺序无关，但同时也一定程度上降低了聚类的质量和准确性。

模糊聚类：可自动修正类数目，不需要用户提供输入参数，可以自动调整划分中的类数目，但由于特性不适用于大型数据库数据。对于偏斜输入数据，平衡性较差。

总之，每种方法都有其独特的特点，需要综合考虑，应该参照不同的数据特点与目标，定向进行选择。

3.3.4 回归模型

回归模型是一种应用极为广泛的数量分析方法。它用于分析事物之间的统计关系，侧重考察变量之间的变化规律，并通过回归方程的形式描述和反映这种关系，从而帮助人们准确把握变量受其他一个或多个变量影响的程度，进而为预测提供科学依据。回归模型可以搜索并定义自变量和因变量之间不严格的、不确定的函数关系，设法找出最能代表它们之间关系的数学表达形式。

从类型上看，回归模型可分为一元线性回归、多元线性回归、非线性回归三种主要的分析模型。

（1）一元线性回归的优点在其基于单个自变量，简单且易于解释，当因变量与自变量之间存在线性关系时，一元线性回归是一种有效的建模方法。但仅适用于单一自变量，无法处理多个自变量之间的复杂关系。

（2）多元线性回归可以同时考虑多个自变量，适用于复杂的数据关系，通过引入更多自变量，多元线性回归可以提高预测的准确性。但在多元线性回归中，自变量之间的共线性可能导致模型不稳定。

（3）非线性回归适用于非线性关系，当因变量与自变量之间存在非线性关系时，非线性回归是更合适的模型，非线性回归可以拟合更复杂的数据形式，在实际工程中，使用的频率也在逐渐增高，但同时非线性回归的参数估计通常比线性回归更复杂，需要选择适当的非线性函数与参数，才能保证回归模型不会欠拟合和过拟合。

数据序列分析作为回归模型的重要组成部分，在岩土工程实践中有大量应用。这种分析方法有助于理解土、岩石和地下水等地质材料的变化趋势，从而支持工程设计、施工和监测。通过数据序列分析，工程师可以预测地下水位、土体沉降、地震活动等关键参数，以优化工程方案并确保工程的安全性和可靠性。

数据序列分析涵盖了多种算法，常见的如下：

（1）移动平均（MA）：移动平均是一种平滑时间序列数据的方法。它通过计算一组连续数据点的平均值来减少噪声和季节性变化。常见的移动平均类型包括简单移动平均（SMA）和加权移动平均（WMA）。SMA使用相等权重，而WMA根据数据点的重要性赋予不同的权重。用于平滑时间序列数据，减少噪声和季节性变化。

（2）指数平滑：指数平滑是一种基于加权平均的方法，用于预测未来数据点。它考虑了过去数据点的权重，其中较近的数据点具有更大的权重。指数平滑适用于平稳或趋势性的时间序列。

（3）模态分解（MD）：分解方法将时间序列分解为趋势、季节性和残差成分。趋势表示长期变化，季节性表示周期性变化，残差是无法解释的随机变化。这有助于更好地理解数据的变化趋势，常见的有经验模态分解 EMD、平均模态分解 AMD 等。

（4）自回归综合移动平均模型（ARIMA）：用于建模非平稳时间序列，它结合了自回归（AR）和移动平均（MA）成分。ARIMA 模型适用于具有趋势和季节性的数据。

（5）决策树和随机森林：决策树和随机森林是用于分类和回归的强大工具。它们可以用于识别时间序列中的模式和趋势。随机森林特别适用于处理多个特征和复杂的数据关系。

（6）神经网络：神经网络是一种强大的非线性建模方法，适用于高维时间序列数据。常见的可以用于处理序列数据的网络有循环神经网络（RNN）和长短时记忆网络（LSTM）。

这些方法在不同应用场景下具有不同的优点和局限性，可以根据具体问题与需求选择合适的方法。

3.4　智慧决策系统构建

3.4.1　主要特点

智慧决策系统是在传统决策系统的基础上，通过集成人工智能分析算法与专家系统而构建的高级决策工具。传统的决策系统通常由人机交互平台、模型库系统、数据库系统等组成，而专家系统则包括知识库、推理机和动态数据库等要素。智慧决策系统将这两者融合，相比于传统决策系统具有显著的优势：

（1）智慧决策系统有效地结合了专家系统的定性分析和决策支持系统的定量分析优势，利用智能算法实现了对数据、模型、知识和方法等资源的系统级集成，从而显著提升辅助决策的能力。

（2）该系统将数据挖掘技术与模型库相结合，形成了一个综合性的决策框架。数据仓库对大量传感器收集的数据进行清洗、提取和整合，并根据决策需求进行重组。建立在数据仓库之上的数据挖掘和多维数据分析算法能够最大化地发掘数据特征，并实现多维数据的切片、切块、采样，便于用户从多个角度提取相关数据，实现多维数据融合和广义模型组合辅助决策。

（3）智慧决策系统采用了专家系统、神经网络和智能分析等先进技术，使平台能够充分挖掘感知数据资源。通过捕获、分析和处理信息，该系统能以更低成本和更快速度做出及时准确的决策，辅助工程管理者做出更优质的选择。面对日益增长的海量数据，智慧决策系统能从多种异构数据源中提取信息，确保各类数据仓库产品与解决方案的兼容性。

（4）智慧决策系统应具备高度交互性的用户界面。交互环境的质量直接影响用户对系统的使用体验。一个优秀的交互环境应简洁易用，内容丰富且高度可视化。此外，该系统具备完备的集成性、开放性、通用性和快速响应性等特点，实现了数据库、知识库、专家系统、决策支持工具及可视化工具等技术的集成，有效满足了实际工程中数据整合和决策支持的需求。

3.4.2　主要功能

智慧决策系统应具备以下主要功能[73]，以增强其在复杂决策环境中的应用效果：

（1）推理结构：智慧决策系统应模拟决策者的思维过程，具备高度的适应性和灵活性。系统通过与决策者的交互会话，分析问题并利用存储的知识库来引导决策者选择最合适的决策模型。这种推理结构使得系统能够根据不同情境和需求，提供定制化的解决方案。

（2）实时跟踪：该模块负责跟踪问题求解的全过程，从而证明所选模型的正确性和适用性。通过这种方式，系统增加了所提出决策方案的可信度和接受度。推理模块还能够提供详细的解释和证据，帮助决策者理解决策过程。

（3）迭代诊断：智慧决策系统能够辅助诊断半结构化或非结构化问题，通过对比迭代来确定问题的边界条件和环境因素。这一功能对于处理那些不易量化或难以直接应用传统算法的问题至关重要。

（4）思维跟踪：系统能够跟踪并模拟决策者的思考方式和逻辑路径。这不仅使得决策者能够了解到最终结论，还能够理解到达该结论的原因和过程。这种透明度对于提高决策者对系统建议的信任至关重要。

（5）智能统筹：智能算法被用于对整个决策支持系统进行统一协调和管控。这些算法可以处理大量数据，识别模式，优化资源分配，并自动调整系统参数以适应变化的环境条件。通过这种方式，智能算法确保了系统在各种情境下都能提供高效、一致的支持。

3.4.3　未来方向

传统决策系统的研究通常涵盖原型设计、方法论构建、概念设计、实验研究、领域测试、总结归纳、案例分析以及推断与思考等八个维度。这些研究领域为传统决策系统提供了坚实的理论与实践基础，并构成了智慧决策支持系统研究的核心内容。然而，智慧决策系统的独特性在于其智能化特征，这一特征使得智慧决策系统区别于传统的决策系统。在智慧决策系统的研究中，诸如决策环境的不确定性、信息的不完整性与不精确性以及决策信息的分布性等因素，均为该领域带来了前所未有的挑战。为了有效应对这些挑战，研究者们逐步开拓了以下新的发展方向[73]：

1. 智慧决策过程分析

决策过程分析构成了智慧决策支持系统构建的根基。目前，对于人类决策过程的理解主要局限于那些具有明确程序性和可计算性的部分，而对于更为高级的人类决策过程，我们尚缺乏深入的洞察。实际上，人类决策涉及问题识别、问题分解、求解等多个复杂环节，这些环节需要综合运用多种知识与方法。人类的认知能力极为广泛，能够在信息不完整、不确定甚至错误的情况下，在复杂多变的环境中做出准确决策。因此，深入理解人类决策过程是开发更高级智慧决策支持系统的关键。

2. 时空与多维决策

决策系统研究主要聚焦于决策问题的求解过程。然而，决策行为实际上与决策过程及其环境的多个维度紧密相连。通过在决策过程中融入时间、空间等多维准则，我们能够突破传统的时空限制，从而优化和改进决策过程，提升决策支持的效果。时间作为一个内部维度，允许决策者在决策过程中感知自身存在，并与决策问题的时间要求相协调。例如，在对实时性要求较高的场合，时间可能成为最关键的影响因素。而空间维度则关注外部世界，与决策环境的空间因素相结合，通常用于描述对决策有显著影响的外部因素。同时，许多决策过程对时间和空间因素提出了较高的要求，这些要求反过来又对决策支持系统的理论和方法构成了新挑战。

3. 智慧决策知识融合

在智慧决策系统中，知识处理构成了系统的核心。由于决策相关知识总是与特定应用领域紧密相关，不同领域对于知识的表征和处理有着各自的特性。因此，不同的智慧决策方法根据其特点和适用性被采纳，并且这些方法的综合运用是提升系统决策能力的关键。例如，机器学习、神经网络、模糊逻辑、遗传算法与专家系统的融合，定性与定量方法的结合，传统偏好模型与专家系统的整合，以及专家系统与数据库系统的联合等，都是形成高智能行为混合系统的途径，并构成了智慧决策系统中知识处理研究的主要方向。

同时，决策信息来源的多样化对信息融合技术提出了新要求。如何将来自不同来源的信息综合服务于单一决策目标，是决策过程中的常见挑战。该过程已经从简单叠加发展到优化线性组合，通过逻辑、线性优化、决策树和神经网络等手段实现不同层次的信息融合。目前，采用证据理论、贝叶斯网络等不确定性推理技术进行信息融合也已取得初步成果。该领域更远大的目标是发现更通用的知识表示和推理算法。

4. 分布式并行化决策求解

决策环境的复杂性往往超越了人类的求解能力，这促使研究者们放弃传统的模型求解方法，转向探索新的技术路径。特别是信息技术的迅猛发展，为智慧决策系统的研究提供了更加强大的工具和手段。随着计算机网络技术的进步，决策相关数据不再局限于单一物理位置，而是分布在不同地区、不同部门之中。相应地，决策模型和知识处理方法也从集中式处理演变为网络环境下的分布式处理，甚至是并行处理。此外，决策可行解的计算效率问题也不容忽视。有时候，智慧决策系统中的顺序计算结构可能成为制约决策速度的"瓶颈"。因此，对复杂决策问题进行并行求解已经成为研究领域内的一个广泛关注点。分布式数据库、分布式决策处理系统、分布式人工智能技术的应用以及并行决策计算等领域已经成为新兴的研究热点。

第 4 章

边界特征智慧识别

4.1 引言

前文主要对边坡数据感知体系和智慧决策的基本知识进行了概述，介绍了这些系统的工作原理、组成部分以及在边坡工程中的应用前景。从本章起，将深入探讨智慧决策过程中的三个核心环节，识别、评价、预测。每个环节都将结合特定的算法，并以一处边坡工程为实例，详细介绍如何利用这些算法来处理边坡工程中遇到的具体问题。首先探讨如何通过智慧算法识别滑坡影响范围以及潜在的风险点。其次将介绍如何应用各种因素，如水文条件、几何条件等，并结合智慧算法，来对边坡的现状危险性进行综合评价。最后，讨论如何使用智能预测模型来预测边坡岩土体的变形行为。通过这些章节的学习，读者将能够更好地理解智慧算法如何在边坡工程的决策中发挥作用。

4.1.1 影响区域识别方案

传统的边坡影响区域调查，作为地质分析的重要一环，主要依托于现场勘查。然而，该方法在山区执行时面临多重挑战，不仅效率低下，数据收集往往不全面且缺乏准确性。随着测量技术的迅猛发展，遥感技术、无人机摄影技术等已经逐渐整合进灾害应急响应与区域性测绘任务中。相关技术能够快速获取宏观地表信息，获取影像的空间分辨率相较 10 年前已经有显著提升。在边坡监测与管理领域，航空摄影技术因其良好的经济性和高效性已经被广泛采用，应用于边坡调查、制图、监测和破坏易发性分析。边坡遥感图像识别技术经历了目视解译和计算机辅助解译两个主要阶段。目视解译作为提取遥感影像中边坡信息的初步手段，在地质灾害识别中已取得显著成效。尽管如此，目视解译过度依赖于解译人员的专业经验和知识储备，且工作量庞大，周期漫长，信息更新缓慢，难以满足现场需求，有时还缺乏可靠性。数字图像处理技术和人工智能技术的进步推动了多种计算机辅助解译方法与遥感技术相结合，被广泛地应用于地表各类信息（流域、森林覆盖、地质灾害等）的快速提取工作之中。

在边坡边界识别等研究中，已经广泛采用了支持向量机、随机森林、集成学习等机器学习手段。这些技术需要设计复杂的逻辑解释机制来从图像资料中提取关键特征。深度学习算法，作为数据分析领域中的一种先进的分析方法，具备识别数据内在联系的能力，从而构建出能够通过迭代学习过程，提高预测精度的分析模型。随着计算能力的显著提升，深度学习技术已进入一个新的发展阶段，在图像分类、目标检测、自然语言处理等多个应用领域实现了突破。受到这些领域成功案例的启发，基于图像分割与对象识别的深度学习方法现正被逐渐纳入边坡影响区域识别的研究领域中。

目前部分深度学习网络的准确度已经达到边坡边界的判定标准，但还存在模型训练耗时长的问题，给现场快速响应带来阻碍。因此，本研究尝试改进一种轻量化深度学习网络进行边坡影响区域的识别，在满足识别要求的同时，有效提高模型训练速度，适应工程现场对快速响应的需求。

4.1.2　滑动面识别方案

边坡滑动面的识别判定是边坡工程中的一个重要课题，它与边坡体稳定性的评估和边坡灾害的预防关系紧密。传统的滑动面判定方法主要基于极限平衡理论，或采用构造函数的方法来对滑动面进行假定。然而，这些方法往往需要对滑动面形状进行简化假设，且需要大量重复计算来搜索得到稳定性系数最小的界面。为了解决上述问题，部分学者提出了基于数值模拟方法的滑动面识别，如有限元法和离散元法等。这些方案不需要将滑体划分成垂直条块，也不用假定滑面上的法向应力分布形式，而是直接利用已有的弹性应力解。通过混合罚函数优化方法，求出各滑动面对应的多项式系数。这种方法能够更准确地描述滑动面的形状，包括任意曲面。但同时也应该注意到，相应方法由于强调岩土体的各向同性，且多采用随机过程，实际工程中，经常无法与真实的测量数据相对应。

在现场边坡的监测中，深部位移曲线经常是判断滑动面位置的关键工具。深部位移监测技术通过在边坡体内部安装测斜仪，记录随时间变化的水平位移数据，从而揭示边坡体内部的运动状态。随着工程智能化的发展，全自动深部位移监测设备越来越多地出现在工程全自动监测体系中。通过分析这些设备采集到的位移数据，可以高效地确定滑动面的位置，判断边坡的潜在活动区域。通过对比多次测斜数据，结合地质资料分析，基本可以确定滑面位置。但目前看来，对于深部位移曲线的解译主要还是依靠有经验的人工完成，这导致了分析效率低下，工作量大等问题，且无法提供合理稳定的判断依据。因此，在本章的后半段，提出了一种基于 BMA 变点分析方法的边坡滑动面自动识别方案，可以有效提高深部位移曲线的解译效率，定量化判定各个位置滑动的概率，为滑动区间的选定奠定理论依据。

4.2　基于轻量化深度学习网络的岩土边坡影响区域智能识别

4.2.1　基于无人机图像的边坡影响区域识别

传统的边坡影响区域识别方法主要依靠人工经验，效率低下，易受主观因素影响。随着计算机技术的快速发展，高精度相机、激光扫描仪等先进测量设备正在逐步小型化与轻量化。尤其是低空无人机（UAV）平台的快速发展，使近地摄影测量的成本愈加降低。近年来，深度学习技术在图像识别领域取得了显著进展，为摄影测量成果的语义解译与边坡影响区域识别提供了全新的思路。

作者提出了一种基于 MobileNet 轻量化网络的边坡影响区域智能识别方法。该方法采用 MobileNet 作为骨干网络，结合 DeepLabV3+网络架构，构建了轻量级的边坡影响区域识别模型。同时，在西南山区真实边坡数据集上进行了识别验证试验，结果表明，该方法训练出的模型具有较高的识别准确率，能够较为有效地识别边坡影响区域。

结合该模型网络架构，研究开发了边坡影响区域智能识别程序（LRIP）。该程序采用轻量化深度学习网络，能够在低配置的设备上运行，并实现对边坡影响区域的智能识别。

本研究旨在开发基于深度学习算法的边坡遥感图像语义识别模块。同时，整合中航勘察设计研究院有限公司建立的中航工程智慧平台，开展计算模块开发与平台数据融合的相关研究。研究可应用在多类型地质灾害治理项目中，自动提取目标区域的边界，提高影响范围判定效率。

4.2.2 基于 DeeplabV3+架构的 MobileNet 网络

1. CNN 网络

遥感图像分割是将遥感图像中的每个像素分配到特定的地物类别或区域，从而实现精确的像素级别的分割。卷积神经网络（CNN）是一种深度学习网络模型，专门用于处理和分析网格结构数据，如图像和视频等，在遥感图像分割领域有着广泛的应用。CNN 在计算机视觉领域取得了重大突破，CNN 使用卷积层来识别局部特征，卷积核可以捕捉图像中的局部信息。通过堆叠多个卷积层，网络可以逐渐学习更抽象和高级的特征。在卷积层中，相同的卷积核被应用到图像的不同位置，这种权值共享算法使得网络能够有效地提取特征，同时减少参数数量。CNN 同时引入池化层用于减少特征图的尺寸，保留主要信息，降低计算复杂度，并且使网络对位置变化具有一定的鲁棒性。同时，CNN 通常由多个卷积层、池化层和全连接层组成，这种多层的结构能够逐步提取更高级别的特征，从而实现更复杂的任务。

CNN 可以扩展到如下应用层面：

（1）土地利用分类[75]：遥感图像中的不同地物类别，如建筑物、道路、植被等，可以通过训练 CNN 进行分类和分割，帮助进行土地利用规划和管理。

（2）环境监测：遥感图像分割可以用于监测环境变化，实现对森林覆盖区、水体扩展区域变化的划分，有助于环境保护和资源管理。

（3）灾害评估[76]：在自然灾害发生后，CNN 可以用于分割遥感图像以评估灾害的影响范围和损害程度，为紧急救援和恢复工作提供支持。

（4）城市规划：遥感图像分割可以用于自动分割城市区域，帮助进行城市规划和土地管理。

综上所述，CNN 以其在图像特征提取和分类领域的出色性能，在遥感图像分割领域有着广泛的应用前景。通过将 CNN 应用于遥感图像分割，可以实现对遥感图像中各种地物和区域的准确划分，从而为地理信息分析和决策提供有力支持。

2. MobileNet 网络

MobileNet[77]是一种轻量级的 CNN 网络，专为移动设备和嵌入式系统设计，以实现高效的图像分类和特征提取。MobileNet 的设计旨在保持较小的模型和较少计算量的同时，保持相对较高的性能。其主要通过深度可分离卷积（Depthwise Separable Convolution）实现（图 4.2-1）。深度可分离卷积是 MobileNet 的核心操作，用来分离特征的空间信息和通道信息。这样的分离允许网络更好地学习和组合特征，同时减少计算量。它将标准的卷积操作分解为两个步骤：深度卷积和逐点卷积。深度卷积在每个输入通道上执行卷积操作，然后逐点卷积（1×1 卷积）在通道维度上进行组合。该方法有助于将不同通道的信息融合在一起，同时也用于改变特征的维度。这种分解在减少计算量和参数数量的同时，保持了网络的表达能力。传统的深层卷积神经网络（如 VGG、ResNet）可能存在大量的计算参数，而 MobileNet 通过深度可分离卷积的引入，减少了每一层的参数数量，从而实现预测模型的轻量化。

由于 MobileNet 的结构和设计，它在设备上具有快速的推理速度。这使得它适用于各类实时应用，如实时图像识别和物体检测、移动端实时翻译、AR（增强现实）应用等。MobileNet 可在大规模数据集上进行预训练，因此可作为迁移学习的基础。通过微调预训练的模型，可以针对特定任务进行训练。MobileNet 的轻量化结构和高效推理速度使得它成为快速反应网络的理想选择，可以轻松地部署在移动设备、嵌入式系统和边缘设备上。

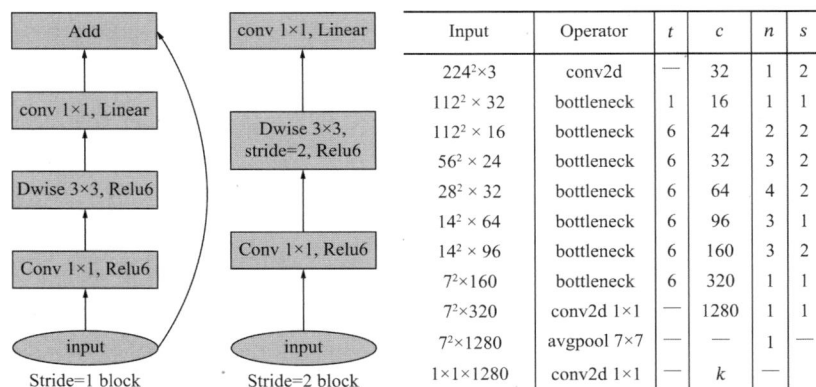

Input	Operator	t	c	n	s
$224^2 \times 3$	conv2d	—	32	1	2
$112^2 \times 32$	bottleneck	1	16	1	1
$112^2 \times 16$	bottleneck	6	24	2	2
$56^2 \times 24$	bottleneck	6	32	3	2
$28^2 \times 32$	bottleneck	6	64	4	2
$14^2 \times 64$	bottleneck	6	96	3	1
$14^2 \times 96$	bottleneck	6	160	3	2
$7^2 \times 160$	bottleneck	6	320	1	1
$7^2 \times 320$	conv2d 1×1	—	1280	1	1
$7^2 \times 1280$	avgpool 7×7	—	—	1	—
$1 \times 1 \times 1280$	conv2d 1×1	—	k		

图 4.2-1　MobileNet 网络结构

总之，MobileNet 是一种在深度学习领域引人注目的网络，其轻量化的设计以及高效的特点使其在快速反应系统上表现出色。无论是从性能、速度还是资源利用的角度来看，MobileNet 都在很多实际应用中都展现出了卓越性能。

3. DeepLabV3+网络结构

DeepLabV3+[78]是一个用于语义分割任务的卷积神经网络架构（图 4.2-2），旨在实现精确的图像语义分割。它在原始的 DeepLab 架构的基础上进行了改进，其突出特点是能够有效地捕捉多尺度数据的上下文信息。在图像中，不同大小的对象和特征需要不同尺度的感受野来捕获。为了实现这一点，DeepLabV3+采用了多尺度卷积和空洞卷积（Atrous Convolution）技术。空洞卷积通过引入不同的空洞率，从而实现对多尺度信息的捕捉。这使得模型能够识别并分割图像中不同大小的对象，从而提高分割精度。

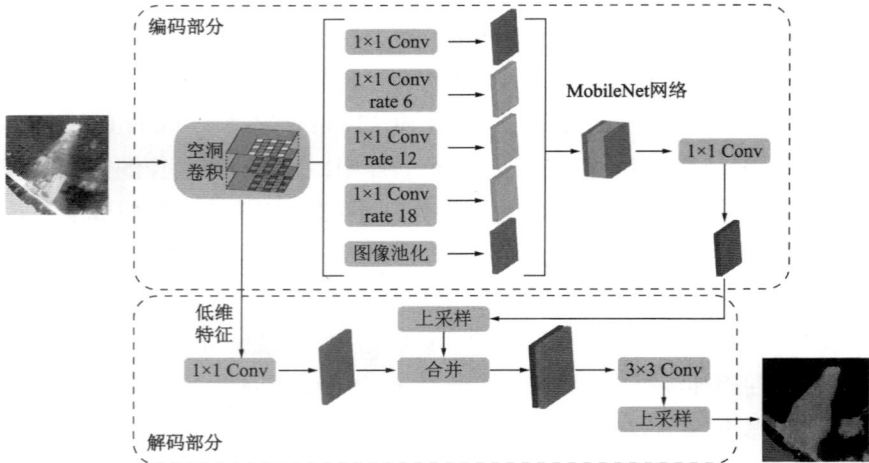

图 4.2-2　DeepLabV3+网络结构

DeepLabV3+网络主要包含以下结构：

（1）输入层：输入数据是待进行特征提取和语义分割的图像，通常是遥感图像或其他类型的经过预处理的图像。

（2）骨干网络（Backbone Network）：DeepLabV3+可以使用不同的骨干网络，以扩展其适用性，如 ResNet、Xception 等。这个骨干网络负责从输入图像中提取高级特征。通过多层卷积和池化操作，骨干网络可以逐步提取出图像的抽象特征。

（3）空洞卷积（Atrous Convolution）：空洞卷积是 DeepLabV3+的一个关键特性，它通过在卷积核中引入间隔（称为 Dilation Rate），扩大了卷积核的感受野，从而提取更广阔范围的信息。这有助于识别不同尺度的特征，适应不同大小的目标，如图 4.2-3 所示。

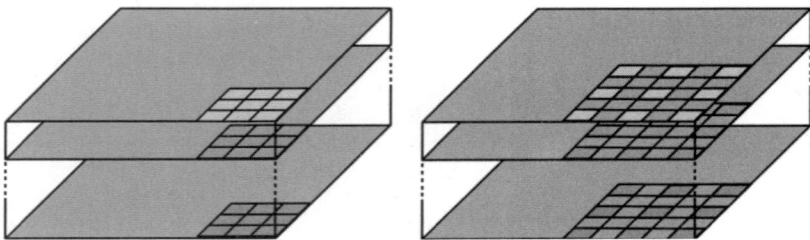

图 4.2-3　空洞卷积示意图

（4）多尺度信息融合：为了更好地捕捉图像中不同尺度的特征，DeepLabV3+引入了多尺度信息融合技术。它通过在不同的空洞卷积层之间进行信息融合，将不同尺度的特征图相加，从而提高分割的精确性。

（5）ASPP（Atrous Spatial Pyramid Pooling）模块：DeepLabV3+引入了空间金字塔池化（ASPP）模块，进一步加强了多尺度分割的能力。ASPP 在不同尺度上执行卷积操作，以获取各种感受野大小的特征。通过将不同尺度的特征融合在一起，模型可以更好地理解图像中的上下文信息，从而更准确地进行分割。

（6）解码器（Decoder）：解码器负责将经过 ASPP 模块处理的特征图进行上采样，将其恢复到原始输入图像的尺寸。这个过程通过反卷积或插值等操作实现。

（7）跳跃连接（Skip Connections）：为了更好地保留低级别的特征，DeepLabV3+在解码器中引入了跳跃连接。这些连接将骨干网络中的浅层特征与解码器中的高层特征相结合，帮助提高分割结果的准确性。

（8）最终分割输出：解码器的输出是经过上采样的特征图，经过一个卷积层后，可以获得与输入图像相同尺寸的分割预测结果。每个像素被赋予一个标签，指示其所属的语义类别。

DeepLabV3+结合了空洞卷积、多尺度信息融合和解码器等技术，实现了高精度的语义分割。它在遥感图像分割、医学图像分割等领域具有广泛的应用，为像素级别的准确分割提供了强大的工具。

同时，MobileNet 和 DeepLabV3 可以结合使用以实现高效的图像分割。本研究中为了实现轻量化的网络架构，使用前文提到的 MobileNet 作为 DeepLabV3+的骨干网络，用于提取图像中的特征。MobileNet 作为骨干网络具有快速的推理速度和较小的模型规模，有助于在计算资源受限的环境下实现高效的语义分割。这种结合可以通过在 DeepLabV3+的网络架构中使用 MobileNet 作为特征提取器来实现。这样，可以在较少的计算资源下，获得在图像分割任务中更好的性能。这对于实时图像分割以及资源受限的环境中的分割任务有十分积极的作用。

4.2.3　边坡影响区域智能识别的基本步骤

基于深度学习的遥感图像边坡影响区域智能识别涉及多个步骤，从数据准备、构建网络、模型训练，到最终的识别和评估。详细的实现过程如图 4.2-4 所示。

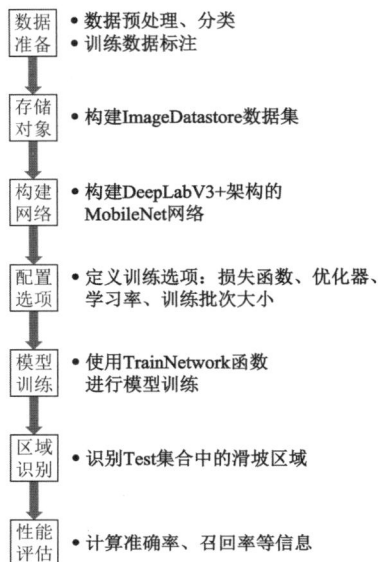

图 4.2-4　边坡智能识别实现流程

49

（1）数据准备：收集包含边坡和非边坡区域的遥感图像数据集。确保图像数据都对应地标注了边坡区域的标签，这些标签为像素级的图像标注，一般由工作经验丰富的地质专家确定。

（2）创建数据存储器对象：使用 ImageDatastore 函数为边坡图像和对应标签分别创建数据存储器对象，以便于后续数据进行加载和处理。

（3）构建深度学习模型：根据任务需求，选择适当的深度学习模型。可以选择预训练模型作为基础，然后在其基础上添加自定义的层与模块。在构建模型时，确保输出层的类别数与任务一致。本研究中，使用上述提到的 DeepLabV3+网络为架构，同时引入 MobileNet 作为 DeepLabV3+的骨干网络。

（4）配置训练选项：定义训练参数，包括损失函数、优化器、学习率和训练批次大小。常用的损失函数包括交叉熵。优化器可以选择 SGD、Adam 等。

（5）模型训练：使用 TrainNetwork 函数对模型进行训练。将数据存储器对象、深度学习模型和训练选项参数传递给 TrainNetwork 函数，训练结束后，以数据包的形式对模型进行保存。

（6）识别边坡区域：使用训练后的模型对新的遥感图像进行边坡影响区域识别。加载进行预处理后的被测图像，然后将这些被测图像输入训练好的模型中，获取识别结果。

（7）评估性能：可以使用测试数据集对训练后的模型进行评估，计算准确率、召回率等参数指标，以评估模型的性能与准确性，为后续模型的优化提供依据。

以上是基于深度学习模型实现遥感图像中边坡影响区域智能识别的基本步骤。该流程还可以在实施过程中，根据原始数据和任务的特点进行适当的调整和优化，以达到更佳的识别效果。利用该分析流程，可以自动地、准确地从遥感图像中识别边坡区域，为地质灾害监测和预防提供有力支持。

4.2.4　LRIP 系统

滑坡影响区域智能识别程序（Landslide Region Intelligent Identification Program，LRIP）为中航勘察设计研究院有限公司自主研发的一种利用 MobileNet 轻量化深度学习网络，对边坡灾害的影响范围进行自动化分析和评估的工具（图 4.2-5）。该程序应用轻量化的识别网络，能够在较低配置的设备上快速地处理边坡图像，从而实现对边坡影响区域的智能识别和定量化分析。主要用于解决传统地质灾害评估作业中，危险性高，影响范围边界识别困难的问题。程序的优点在于：（1）能够实现对边坡影响区域的智能识别，减少人工干预和误差；（2）能够在低配置的设备上运行，节省资源和时间。

1. 主界面

LRIP 界面主界面根据功能主要划分为数据集生成、模型训练、影响区域识别三个子模块，如图 4.2-5 所示。数据集生成子模块负责从遥感影像的标准化，从训练集图像中提取边坡区域的标注信息，构建边坡影响区域训练数据集；模型训练子模块负责利用深度学习网络算法，对数据集进行训练，得到边坡影响区域的识别模型；影响区域识别子模块负责将识别模型应用于新的遥感影像，实现边坡影响区域的智能识别。

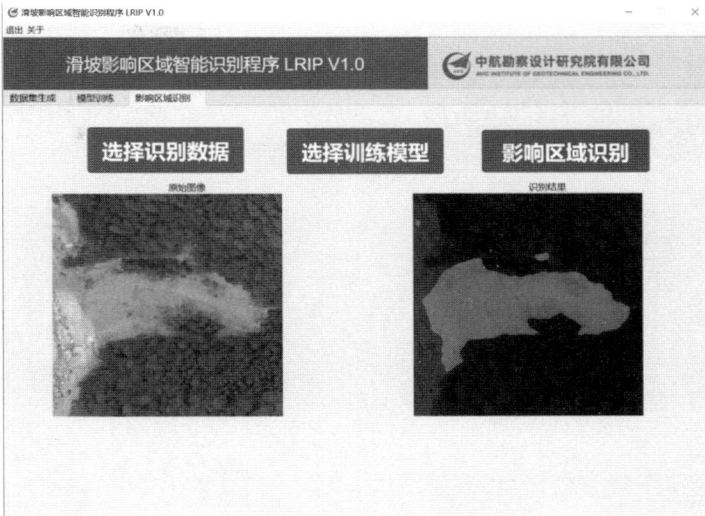

图 4.2-5　LRIP V1.0 程序界面

2. 数据集生成模块

图 4.2-6 展示为 LRIP 数据集生成模块的界面。该模块包含数据集标准化、标签制作、训练数据标签选择、标签展示四个主要的功能。

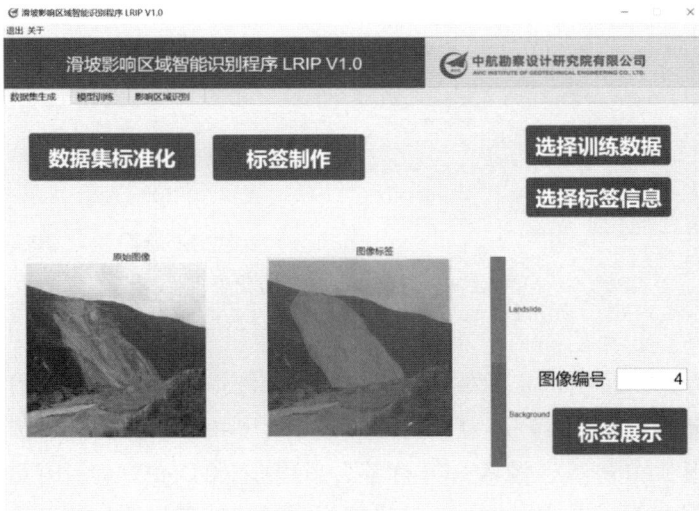

图 4.2-6　LRIP 数据集生成模块界面

为了保证数据集的质量和一致性，需要对原始图像进行预处理，包括裁剪、缩放等操作，使得每张图像都符合统一的规格和格式。同时，需要对图像进行清洗，去除无关的噪声，提高图像的清晰度和对比度。

点击"数据集标准化"按钮，选择一个包含原始图像数据的文件夹，如图 4.2-7 所示。当弹出"已选择原始数据，并完成图像标准化"的提示框后，说明已经导入了图像原始数据，并进行了图像数据的标准化。标准化过程可以大批量地完成包括图像长宽剪裁、图片格式统一、图像像素优化等工作，处理前后对比如图 4.2-8 所示。

图 4.2-7 "原始数据选择"窗口

图 4.2-8 图像数据集标准化处理

3. 标签制作与展示

为了训练图像识别模型，需要对数据集中的每幅图像进行标注，即给出训练集边坡影响区域的位置和范围（图 4.2-9）。为了提高标注的效率和准确性，可以调用相应的标注工具箱，以实现线形 ROI 标签、像素 ROI 标签、多边形 ROI 标签、点 ROI 标签、投影立方体 ROI 标签等各种场景的数据标注，为计算机视觉任务构建训练和测试数据集。其简要工作流程如下：

（1）导入图像数据。将待标注的图像数据导入程序环境中。这可以通过加载文件夹中的图像，从数据库文件中加载图像数据或使用其他数据源来完成。（2）数据标注。在 LRIP 程序中点击"标签制作"按钮，即可调出数据标注模块。（3）创建新项目。创建一个新项目，并指定项目的名称和相关参数。项目是要标注的图像数据与标签数据的容器。（4）加载图像。一旦项目创建完毕，可以加载步骤（1）中标准化后的图像数据集。

这些图像将在工具中显示,可以逐个进行标注。(5)图像标注。对于每张加载的图像,可以使用不同的标注工具来添加标注框、标注多边形、点等。可以为图像中的对象或区域添加不同的标签,可以调整标注的位置、大小和形状,以确保其准确性。如图 4.2-9 所示。(6)导出标注数据。在完成图像标注后,保存项目以保留标注的数据。此时程序将创建一个包含图像和标注信息的文件,供后续的训练和评估使用。标注后保存的标注项目,可以在主文件夹中显示。这些文件均为生成的训练集标签数据包。可以用于后期的模型的训练。一般情况下边坡影响区域的标注范围都是由经验丰富的地质工程师来决定。

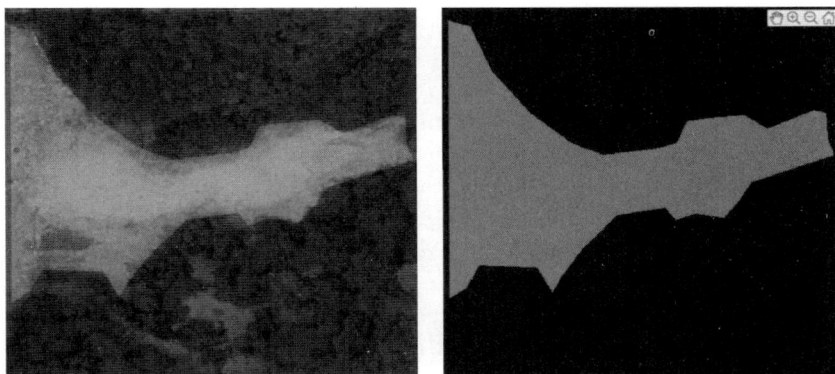

图 4.2-9 滑坡地质图像的标注

标签展示部分在整个界面的最下方。在完成数据标注后,通过载入图像数据和生成的标注文件,就可以对标注好的图像进行显示。调整图像编号,点击"标签展示"按钮,就可以选择不同组的图像与标签进行展示。这样可以对生成标签的质量提前进行检查与评估,直观地看出标签是否符合预期,以及是否存在遗漏或错误标注的情况。防止错误标签对学习过程产生负反馈作用,如图 4.2-10 所示。

图 4.2-10 标签展示模块

4. 模型训练模块

网络训练模块主要用于各类模型的训练。主要包含训练参数输入、选择训练数据、模型训练、保存模型等一系列功能,如图 4.2-11 所示。

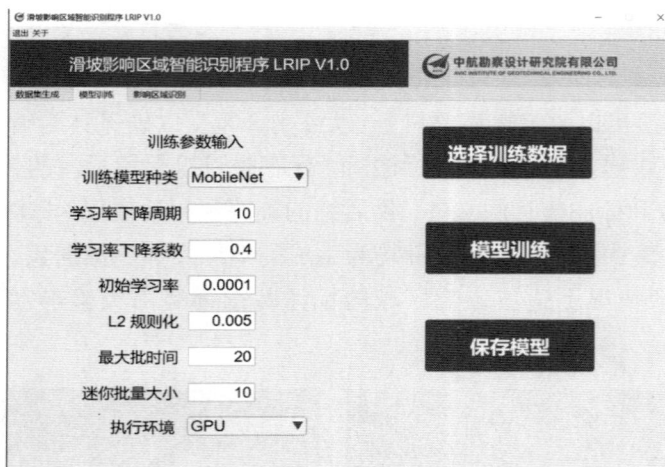

图 4.2-11　LRIP 模型训练模块

1）训练参数输入

在"模型训练"的左侧为模型训练相关参数输入的部分，主要包含训练模型种类、学习率下降周期、学习率下降系数、初始学习率、L2 规则化、最大批时间、迷你批量大小，执行环境等可自定义的参数。

（1）学习率下降周期：学习率下降周期用于控制学习率的下降速度。学习率下降速度过快会导致模型无法收敛，学习率下降速度过慢会导致模型训练时间过长。

（2）学习率下降系数：学习率下降系数用于控制学习率下降的幅度。学习率下降系数过大会导致模型无法收敛，学习率下降系数过小会导致模型收敛速度过慢。

（3）初始学习率：初始学习率用于控制模型训练的初始学习速度。

（4）L2 规则化：L2 规则化用于防止模型过拟合。L2 规则化系数越大，模型过拟合风险越小。

（5）最大批时间：最大批时间用于控制最大批量训练的批大小。批越大，模型训练速度越快。

（6）迷你批量大小：迷你批量大小用于控制迷你批量训练的批大小。批越小，模型训练准确率越高。

为了方便对比，训练模型内置了 MobileNet、resnet18、resnet50、xception、inceptionresnetv2 等几种常见的预训练模型。执行环境可选 GPU、CPU、CPU 并行等执行环境，如图 4.2-12 所示。

图 4.2-12　模型选择与训练环境选择

2）选择训练数据

点击"选择训练数据"按钮，就可打开训练数据载入对话框，选择包含有标签文件的模型训练集文件夹后，点击"选择文件夹"按钮，跳出"已选择训练数据集"提示框后，完成数据集的选择。

3）模型训练

在完成步骤 1）和 2）后，点击"模型训练"按钮，程序会自动开始模型训练过程，同时会跳出"模型分析器"与"模型训练进度"对话框。模型分析器中包含模型的大小、层数、组织架构图、各层的详细信息等数据信息；模型训练进度中包括输入训练模型的参数、模型损失值与准确度的实时变化情况、模型训练时间以及完成轮数等情况。完成轮数或达到阈值后，训练将自动停止。

4）模型保存

模型训练完成后，点击"保存模型"按钮，就可以将模型保存到主文件夹中。训练完成的模型包含文件路径、训练参数、权重系数等一系列信息。

5. 智能识别模块

影响区域智能识别模块（图 4.2-13）的主要功能是运用前置模块训练完成的网络模型，对需要进行识别的图像数据进行边坡影响区域的识别。主要包含选择识别数据、选择训练模型、影响区域识别三个功能。

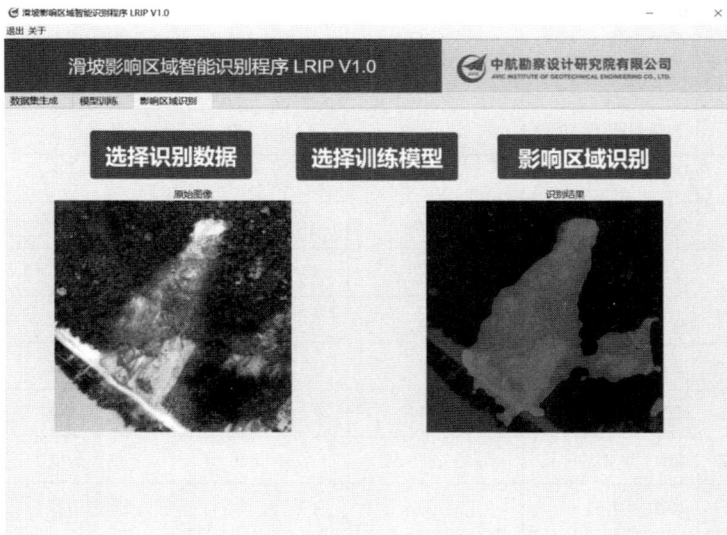

图 4.2-13　LRIP 影响区域智能识别模块

在进行完成训练模型的生成后，点击"选择识别数据"按钮，可弹出"选择识别数据"的对话框，选择包含有需要进行识别的图片的文件夹后，点击"选择文件夹"按钮，会弹出"已选择识别数据"的提示，说明需要识别的数据已经加载完成。

在选择完需要识别的图像数据后，点击"选择训练模型"按钮，可弹出选择训练模型的对话框。在本程序的设定中，可以采用不同训练参数、不同训练种类的训练模型对需要识别的边坡图像进行识别，以达到识别结果的进一步比对优化。在训练模型载入结束后，会弹出"识别网络模型已经加载"的提示，说明需要使用的网络模型已经加载成功。

在输入完成识别数据与识别网络后，点击"影响区域识别"按钮，程序就会自动开始识别数据集中边坡影响区域，并且会依次通过标红的形式展现出来。同时，程序还会将识别的结果图像自动保存到主文件夹中，方便后期查询与其他平台系统调用。

4.2.5 边坡影响区域识别案例

1. 模型训练数据与参数

（1）边坡数据采集

为了验证 LRIP 程序的功能，本研究采用曾超等[79]采集的 2008—2020 年间西南山区（四川、重庆）周边发生的真实边坡资料影像数据集，地面影像分辨率为 0.2～0.9m，共包含 59 处真实边坡的破坏影像，并对每一处边坡的名称、发生时间、发生地点、灾害类型与灾害面积都进行了统计。具体示例见表 4.2-1。

边坡数据集（部分示例） 表 4.2-1

边坡名称	发生时间	纬度（°）	经度（°）	灾害类型	灾害面积（m²）
唐家山边坡	2008 年 5 月 12 日	31.843	104.433	地震边坡	896600
毛平盖边坡	2008 年 5 月 12 日	31.843	104.462	地震边坡	257700
王家岩边坡	2008 年 5 月 12 日	31.826	104.451	地震边坡	130900
北川中学新区边坡	2008 年 5 月 12 日	31.829	104.460	地震边坡	117200
老场乡大庙村边坡	2013 年 4 月 20 日	30.176	102.764	地震边坡	213231
S210 线边坡 1	2013 年 4 月 20 日	30.176	102.870	地震边坡	3208
……	……	……	……	……	……
九寨沟箭竹海边坡 3	2017 年 8 月 8 日	33.139	103.872	地震边坡	5751
九寨沟熊猫海瀑布边坡	2017 年 8 月 8 日	33.153	103.875	地震边坡	370592
九寨沟老虎嘴边坡 1	2017 年 8 月 8 日	33.154	103.882	地震边坡	41009
九寨沟老虎嘴边坡 2	2017 年 8 月 8 日	33.156	103.880	地震边坡	36784
金沙江白格边坡	2020 年 8 月 17 日	31.082	98.706	降雨边坡	1497677
夹沙沟边坡	2020 年 8 月 17 日	32.550	104.214	降雨边坡	2609
卡子边坡	2020 年 8 月 17 日	32.534	104.228	降雨边坡	3186
鱼池沟边坡 1	2020 年 8 月 17 日	32.527	104.227	降雨边坡	3359
鱼池沟边坡 2	2020 年 8 月 17 日	32.527	104.227	降雨边坡	5246

（2）训练模型与训练参数

将收集到的边坡图像数据集运用 LRIP 程序进行预处理，对各类型图像进行归一化处理，将图像统一为 $512 \times 512 \times 3$ 的 JPG 格式图片；之后，使用 Dataset 模块，将整个数据集分为训练集与识别集。其中，训练集包含边坡 56 处，识别集包含边坡 4 处；运用图像标注模块对训练集图片进行标注，为了符合图像分割的要求，标注主要采用像素点 ROI 标注的方法（图 4.2-14）。完成数据集调整后，使用训练数据集与 LRIP 数据训练模块对预训练网络进行训练，训练结果如图 4.2-15 所示。训练参数与设备如表 4.2-2 所示，训练采用 GPU 进行加速。从训练结果来看，训练共用时 5 分 44 秒，最大迭代步数为 140，训练模型的准确度大于 0.95 且 loss 函数值小于 0.1，基本符合要求。同时，相同的参数运用单 CPU 训练，共用时 56min。由此可以明显看出使用 CUDA 技术进行 GPU 加速，在训练速率上有十分显著的提升。

训练设备与训练参数　　　　　　　　　　　　　　　　　　表 4.2-2

训练设备		训练参数	
CPU	Intel Xeon Gold 5218 @2.3GHz	优化器	Adam
GPU	Nvidia RTX A4000 16G	学习率方案	Piecewise
RAM	DDR4 2666MHZ 128G	最大步长	20
		初始学习率	1×10^{-4}
		L2 正则化率	0.005
		最小批大小	8

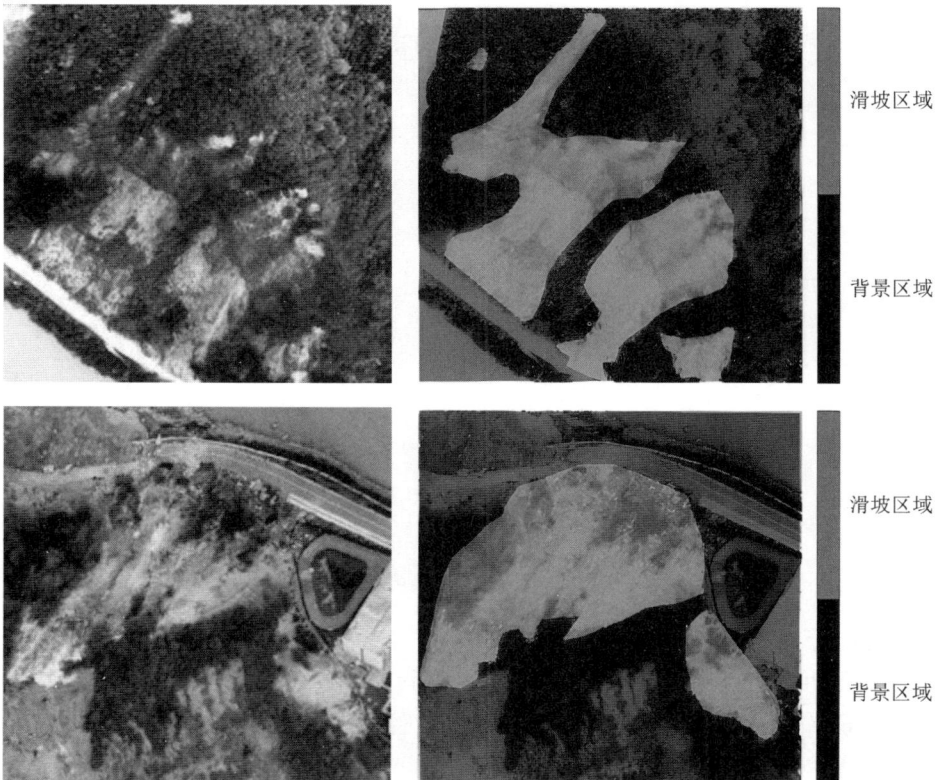

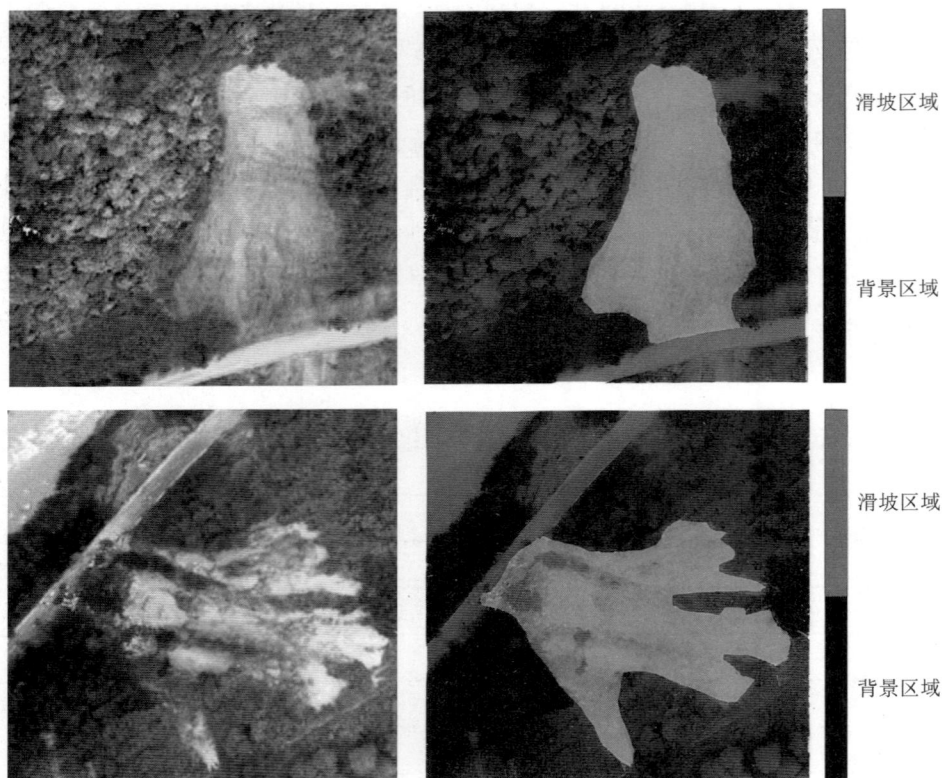

图 4.2-14　典型滑坡与图片标注

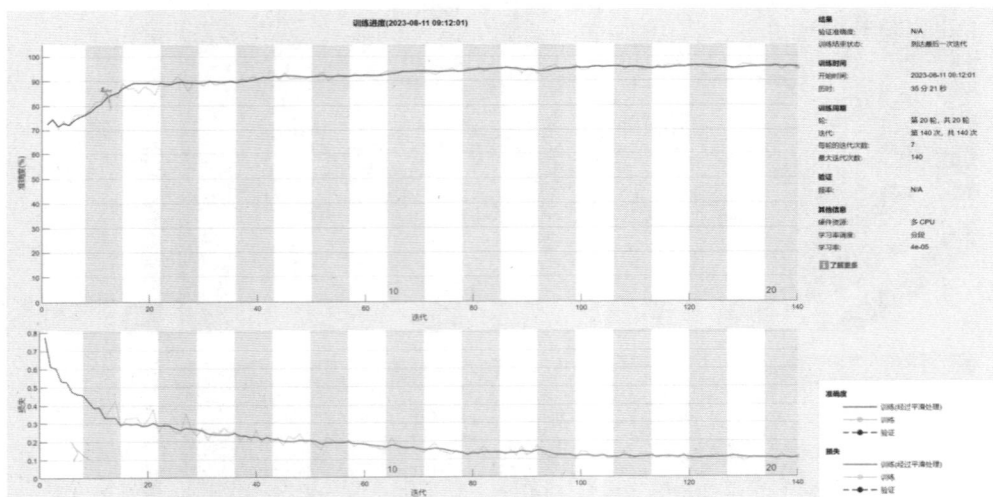

图 4.2-15　模型训练结果可视化展示

2. 滑坡区域识别结果

经过统计分析，得到训练数据集中边坡区域与背景区域的比例约为 1∶4，如图 4.2-16 所示。在完成训练后，将训练好的模型导入 LRIP 智能识别模块中，并对测试集中 3 个有代表性的边坡图像进行智能识别，结果如图 4.2-17 所示。从中可以看出，该训练的模型已经基本可以标识出不同条件下滑坡的形态，考虑到目前训练数据集规模尚且较小，且图形增强算法相对简单，可以看出该方法可以在兼顾训练效率的同时，得到较为准确的识别效果，具有十分广阔的应用前景。

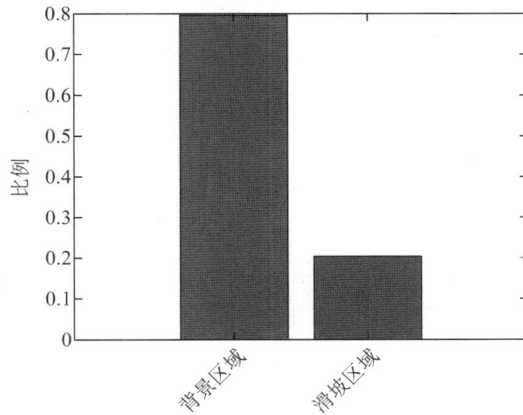

图 4.2-16　滑坡区域与背景区域统计图

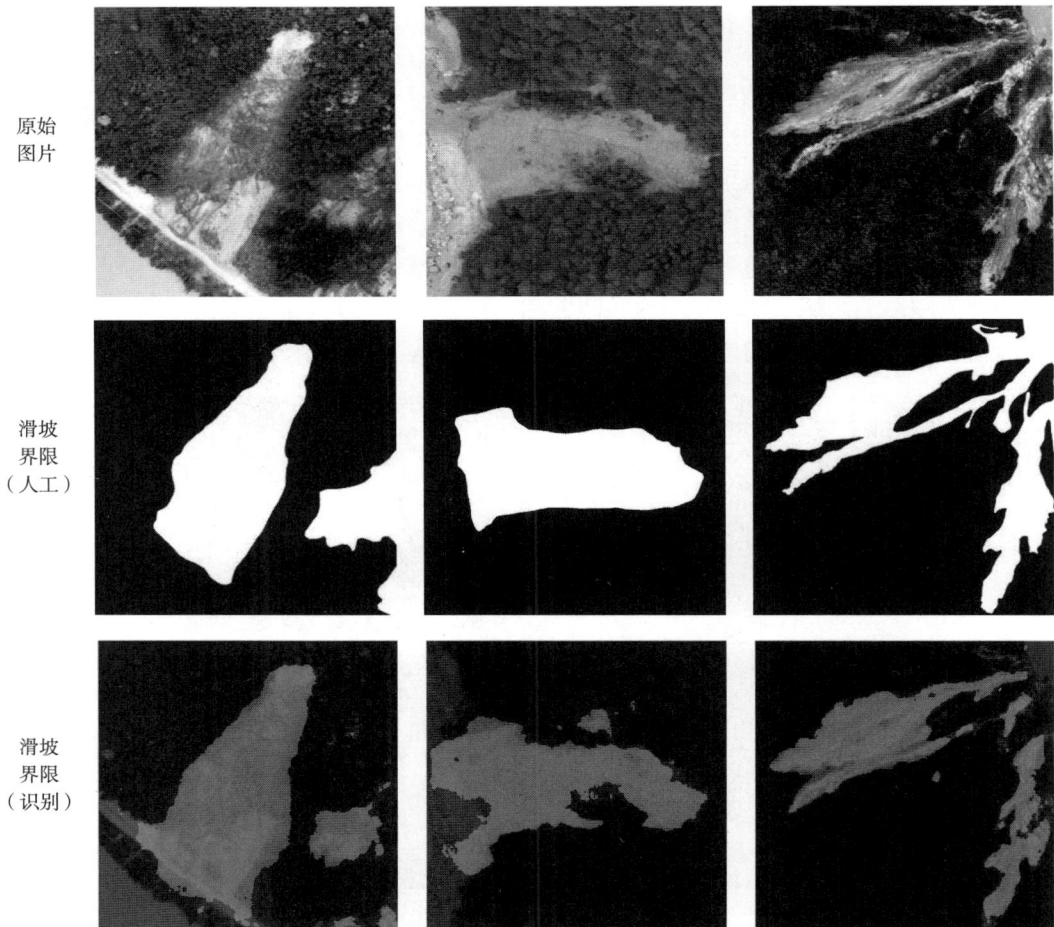

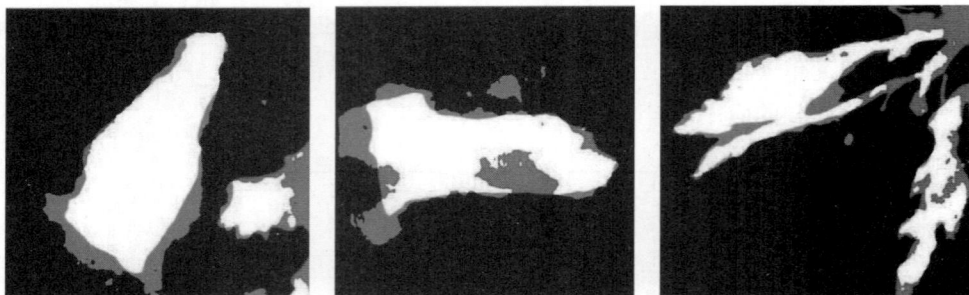

图 4.2-17　典型滑坡的预测结果与 T-F 分析

图 4.2-17 中，LRIP 智能识别模块给出了识别后图像的 T-F 图。在深度学习图像分割示例中，T-F 图可以比较直观地看出预测结果，经常会使用 PT、PF、NT、NF 四种评价指标来衡量分类模型的性能。其中：True Positive（TP）表示实际为正例的样本被正确地预测为正例，图中为白色标识；True Negative（TN）表示实际为反例的样本被正确地预测为反例，图中为黑色标识；False Positive（FP）表示实际为反例的样本被错误地预测为正例；False Negative（FN）表示实际为正例的样本被错误地预测为反例，图中为灰色标识。这四种指标通常用于计算其他与图像语义分割相关的性能度量，可以更加直观地了解模型在不同类别上的表现。

从三个测试滑坡的统计图中可以看出，当识别大面积片状边坡时，在边界处通常出现 FT 区域，说明此情况下，识别的区域通常大于实际人工划定范围，结果偏保守；同时当滑坡形态呈现出细长形态时，目前识别结果会出现部分 FN 区，部分较窄的滑坡区域很难被识别，也反映了目前程序的泛化性还可以通过调整网络继续进行增强。

为了进一步对识别的结果进行评价，研究特意挑选出 59 号边坡进行细节比对分析，如图 4.2-18 所示，该滑坡的整体形态被较好地识别出来。通过对比划定区域与识别结果可以看出，整个滑坡南侧部分植被在识别中被划出边坡区域；同时，程序还识别出了位于边坡北侧的小范围滑动区域。从对比结果可以看出，在边坡环境复杂时，图像分割识别算法可以更加精细地划分出相应的边界，有时其准确性会在人工粗略划分的基础上有一定提升。

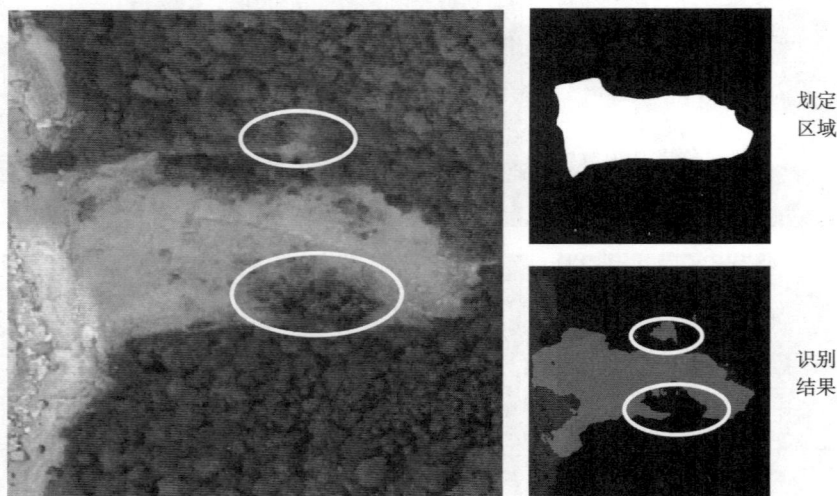

图 4.2-18　59 号边坡识别结果与原始标注对比

4.2.6　小结

本节研究采用 MobileNet 作为骨干网络，结合 DeepLabV3+网络架构，构建了滑坡影响区域识别模型，开发了边坡影响区域智能识别程序（LRIP）。该程序采用轻量化深度学习网络，能够在低配置的设备上运行，并实现对边坡影响区域的智能识别，减少人工干预和误差。LRIP 程序包含数据集生成模块、模型训练模块、影响区域识别模块等多个功能模块，可以实现包括遥感影像中提取边坡影响区域的标注信息、构建边坡影响区域训练数据集、利用深度学习网络算法对数据集进行训练、将识别模型应用于新的遥感影像以实现边坡影响区域的智能识别在内的一系列功能。

为了验证其适用性，研究运用该系统在西南山区多处真实边坡数据集上进行识别与分析。结果表明，该方法训练出的模型准确率大于 0.95，且 loss 函数值小于 0.1，基本符合要求；同时，采用 GPU 加速运算，有效地减少了计算时间。从识别结果看，该方法可以更加精细地划分出边坡影响范围的边界。

综上研究成果表明，该方法可以应用于滑坡影响区域的监测、预警和应急响应等领域，具有较强的应用价值。

4.3　基于 BMA 变点分析的岩土体滑动面识别

4.3.1　贝叶斯变点分析方法

贝叶斯变点分析（Bayesian Changepoint Detection）[80]是一种基于贝叶斯方法的时间序列分析方法，用于检测数据序列中的突变点。该方法通过构建一个贝叶斯模型，对数据序列中的变化点进行基于概率的推断。该方法假设数据序列中的变化点是由一个或多个未知参数控制的，这些参数决定了变化点的位置和变化幅度。利用贝叶斯方法，通过构建一个先验分布来描述这些参数的不确定性，然后根据观测数据来更新这些参数的后验分布。通过计算后验分布的期望值和方差，可以得到变化点的位置和幅度的估计值，以及它们的不确定性，并根据估计值和置信区间，确定数据序列中的变化点。适用于所有类型的数据序列，无论是遥感、经济学、气候科学、生态学还是水文学，应用场景包括识别生态数据中的制度转变，从卫星图像中绘制森林干扰和土地退化图，检测经济数据中的市场趋势，确定气候数据中的异常和极端事件等方面。

使用变点分析进行序列数据分析的优势[81]包括：

（1）检测变化点：变点分析可以帮助识别序列数据中的变化点，例如结构变化或断点，这对于识别数据中的异常值与突变值有显著效果。

（2）非参数方法：变点分析是一种非参数方法，不需要对数据分布进行假设，因此可以处理各种类型的数据。这使得变点分析在许多应用中具有广泛的适用性。

（3）灵活性：变点分析可以处理各种类型的序列数据，包括具有周期性或趋势的数据。这使得变点分析可以应用于各种不同的领域，如金融、气象、生物学等。

4.3.2 基于贝叶斯模型平均方案（BMA）的变点分析

本研究引入了一种基于贝叶斯模型平均方案（BMA）的变点分析[82]。贝叶斯推理倾向于不认为任何单一的模型是真正的模型，而是认识到所有潜在模型的相关性。将不同模型的突变位置作为一个信息权重，再将所有的模型合成一个加权平均模型，最后根据权重汇总出整体的概率曲线，判断变点最可能发生的位置。这种方案足够灵活，可以近似出无法用单个模型来表示的复杂关系。本研究中，BMA 推理数据集是通过马尔可夫链-蒙特卡罗（Markov Chain-Monte Carlo，MCMC）的随机抽样算法来实现的。MCMC 可以高效地产生大量随机数据序列，使贝叶斯推理能够有效进行。BMA 算法不仅检测变化点，而且量化各点的突变概率，可以使研究人员对数据曲线的可变性分布有更加清晰的认识，如图 4.3-1 所示。

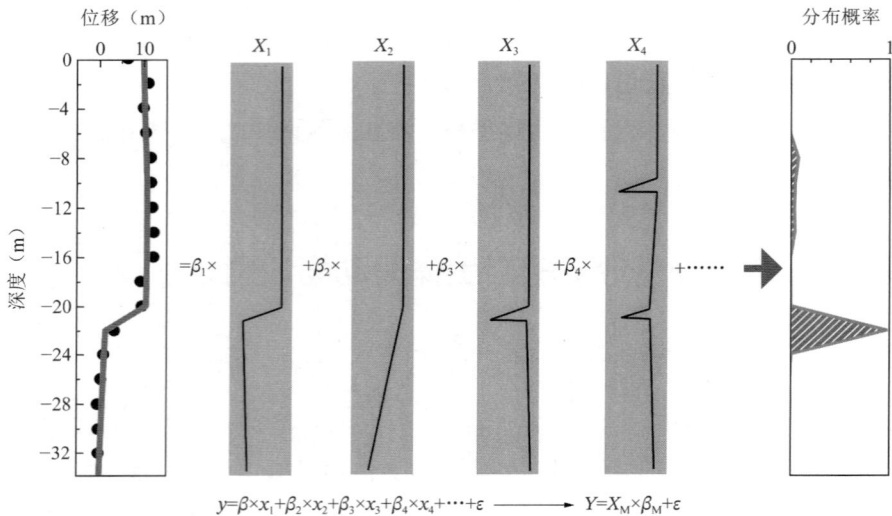

图 4.3-1　贝叶斯模型平均方案（BMA）识别深层位移曲线变点位置示意图

变点分析使用 BMA 将所有竞争模型纳入推断，从而提高数据序列分解的准确性。这使得变点分析可以更好地处理复杂的时间序列数据，并提高模型的预测能力。这种方法允许我们通过综合多个模型的优势，来更准确地判断地下深处的发生位移位置。BMA 通过对不同模型的后验分布进行加权平均，从而提供了一种处理模型选择、联合估计和预测问题的系统方法。这种方法在估计模型参数和预测新观测值时充分考虑了模型不确定性，同时，其高效的监测分析可以实时更新深层位移的变点位置，观察深层滑动面的变化模式。

下面将详细描述应用 BMA 方案变点分析技术识别深层位移曲线变点的一般步骤。

（1）深部位移序列分解与参数化

深部位移序列 $D = \{t_i, y_i\}$ 定义为由两个分项组成，趋势项 T，以及噪声项 ε，公式可以表示为：

$$y_i = T(t_i; \Theta_T) + \varepsilon_i \tag{4.3-1}$$

假设噪声 ε 是符合 σ^2 的高斯分布，并且与趋势信号 T 相对独立。按照一般做法，采用一般线性模型来参数化 $T()$。变化点位置信息以隐式形式编码在趋势信号 T 的参数 Θ_T 中。趋势项T被定义为相对于m节点的分段线性函数$\tau_j(j=1,\cdots,m)$，它按时间跨度划分为$(m+1)$个间隔$[\tau_j,\tau_{j+1}]$，同时$\tau_0=t_0$和$\tau_{m+1}=t_n$是时间序列的开始和结束。趋势曲线在每个区间上的趋势只是一个线段，由系数a_j和b_j确定。

$$T(t)=a_j+b_jt,\tau_j<t<\tau_{j+1} \qquad (4.3\text{-}2)$$

此时，变化点的数量m及其时间$\{\tau_j\}$是需要估计的未知参数。因此，趋势T的完整参数集表达为：

$$\Theta_T=\{m\}\cup\{\tau_j\}\cup\{a_j,b_j\} \qquad (4.3\text{-}3)$$

该集合包括趋势变化点的数量和时间，以及每个线段的截距和斜率。

参数Θ_T都需要从数据D中估计。为了便于表示，将参数Θ_T重新分为两组$\Theta_T=\{M,\beta_M\}$。第一组M为模型结构，包括变化点的数量和时间。第二组β_M是在给出模型结构M后，用于确定曲线的精确形状的参数，其中β_M依赖于结构M。公式如下

$$M=\{m\}\cup\{\tau_j\},\beta_M=\{a_j,b_j\} \qquad (4.3\text{-}4)$$

经过此重组后，得到了原始的一般线性模型可以被写成：

$$y(t_i)=x_M(t_i)\beta_M+\varepsilon_i \qquad (4.3\text{-}5)$$

其中，$x_M(t_i)$和β_M分别为因变量和相关系数。同样，x_M的形式和β_M中的系数都取决于模型结构M，如数量、变点时间点等。

此时对于变点的动态的推断简化为一个模型筛选问题，即确定一个合适的最优的模型结构M，类似于为简单的线性回归选择变量的最佳子集。一旦选择了一个模型结构M，它的系数β_M就可以直接估计得到。然而，与线性回归不同的是，可能的模型结构M的数量非常大，即使是一个中等长度的数据序列（例如$t=100$），也可能需要数年的计算来枚举所有可能的模型，以找到优化最佳模型。因此本研究需要通过 BMA 方案来解决模型结构推理的问题。

（2）贝叶斯公式化与推理

为了实现贝叶斯推理，研究扩展了式(4.3-1)、式(4.3-5)中的一般线性模型，建立了一个从深部位移数据序列中检测变点的贝叶斯模型。在贝叶斯模型中，所有的未知参数都被认为是随机的，包括模型结构M、系数β_M和数据噪声参数σ^2。给定一个数据序列$D=\{t_i,y_i\}$，其目标不仅是获得这些参数的最佳值，更重要的是，获得它们的后验概率分布$p(M,\beta_M,\sigma^2\mid D)$。根据贝叶斯定理，这个后验概率模型可以表示为是一个似然模型和一个先验模型的乘积：

$$p(M,\beta_M,\sigma^2\mid D)\propto p(D\mid M,\beta_M,\sigma^2)\pi(M,\beta_M,\sigma^2) \qquad (4.3\text{-}6)$$

这里，似然模型$p(D\mid M,\beta_M,\sigma^2)$是给定模型参数$M$，$\beta_M$，$\sigma^2$时，观测数据$D=\{t_i,y_i\}$的概率。其形式由一般线性模型$y=x_M\beta_M+\varepsilon$控制。由于误差$\varepsilon$的正态性，这种似然模型是服从于高斯分布的，则该似然模型可以表示为式(4.3-7)：

$$p(D\mid M,\beta_M,\sigma^2)=\prod_{i=1}^{n}\mathbb{N}(y(t_i);x_M(t_i)\beta_M,\sigma^2) \qquad (4.3\text{-}7)$$

此时的贝叶斯公式，还需要指定模型参数的先验分布$\pi(M,\beta_M,\sigma^2)$：

$$\pi(M, \beta_M, \sigma^2) = \pi(\beta_M, \sigma^2 \mid M)\pi(M) \tag{4.3-8}$$

因此，需要分别找出条件先验模型$\pi(\beta_M, \sigma^2 \mid M)$和模型先验模型$\pi(M)$。先验模型通常以现有的知识为依托。本研究中，由于事先缺乏相关模型的一般知识，需要选择是扁平先验。对于$\pi(\beta_M, \sigma^2 \mid M)$，我们考虑了正态-逆伽马分布，并在其中引入了一个额外的超参数υ，以反映对模型系数β_M大小的模糊程度。其次，对于$\pi(M)$，我们假设变点数量是任何可能为先验的非负整数。各个变点数量的值的先验概率相等。为避免模型过于冗杂，对允许的最大变点数量施加了约束，用M_t表示，并假定先验分布$\pi(m)$是均匀分布。同时，假设有m个变更点，它们的位置$\{\tau_j\}$被假设为从观察时间点$\{t_j\}$中随机取值。这种设定同时也是一种非信息性先验。同时，为了增加对模型的限制，我们假设任何连续的变更点应该有最小时间间隔h_t。综合来看，变点位置的先验如下式所示：

$$\pi(\{m\} \cup \{\tau_j\}) = \pi(\{\tau_j\} \mid m)\pi(m) \tag{4.3-9}$$

$$\pi(m) = \begin{cases} \dfrac{1}{M_t + 1} & 0 \leqslant m \leqslant M_t \\ 0 & m > M_t \end{cases} \tag{4.3-10}$$

$$\pi(\{\tau_j\} \mid m) = \begin{cases} 1 & \max|\tau_j - \tau_i| < h_t \\ 0 & \text{otherwise} \end{cases} \tag{4.3-11}$$

给定似然和先验模型后，模型参数的后验模型可以表示为：

$$p(M, \beta_M, \sigma^2 \mid D) \propto \prod_{i=1}^{n} \mathbb{N}(y(t_i); x_M(t_i)\beta_M, \sigma^2) \cdot \pi(\beta_M, \sigma^2, \upsilon \mid M) \cdot \pi(M) \tag{4.3-12}$$

（3）基于 MCMC 方法的样本采样

本算法中采用马尔可夫链-蒙特卡罗（MCMC）方法进行深部位移数据变点样本集合的随机采样。该方法为蒙特卡罗方法是一种随机模拟的方法。用蒙特卡罗方法来随机模拟求解一些复杂的连续积分或者离散求和问题时，通常通过大量采样，将每一样本的计算结果带入，获得精确的数值解。但是这个方法需要得到对应的概率分布的样本集。样本集在概率分布简单（正态分布、平均分布）时，可以直接获得。但当概率分布函数很复杂时，需要马尔科夫链来获得稳定的样本概率分布。本节所述$p(M, \beta_M, \sigma^2 \mid D)$的后验分布包含了推断参数所必需的所有信息，需要采用 MCMC 抽样来生成一个随机样本集实现后验推理。本研究使用的 MCMC 采样算法是一种混合采样器，它将一个反向跳跃的 MCMC 采样器（RJ-MCMC）嵌入 Gibbs 采样框架中，对于该类问题可以获得相对准确且稳定的采样集合。

（4）模型推理

MCMC 采样器生成一系列长度为$N\{M^i, \beta_M^i, \sigma^{2i}, \upsilon^i\}$，$i = 1, \cdots, N$的后验样本链。该链捕获了用于推断变点所必需的所有信息。采样的模型结构M^i，包含变化点的时间和阶数等参数，可以直接转化为模型的协变量$x_{M^i}(t)$，其相关系数为β_M^i。每个抽样模型M^i给出了一个动态的估计$x_{M^i}(t)\beta_M^i$。BMA 估计是所有抽样模型的加权平均，如式(4.3-13)所示。相关的不确定性作为一个基于样本的方差估计，可以由式(4.3-14)得到。

$$\hat{y}(t) = \sum_{i=1}^{N} x_{M^i}(t)\beta_M^i / N \tag{4.3-13}$$

$$\mathrm{var}(\hat{y}(t)) = \sum_{i=1}^{N}\left[x_{M^i}(t)\beta_M^i - \hat{y}(t)\right]^2 / (N-1) \tag{4.3-14}$$

虽然每个单一模型 M^i 是一个分段模型，但所有单独模型的组合使 BMA 估计 $\hat{y}(t)$ 能够任意很好地逼近非线性信号。同时，采样模型结构 M^i 可以进行与变点相关的推断和检验假设，$\{m^i\}$ 给出了趋势项中变化点数的经验分布；因此，趋势项的变点平均总数可以估计为

$$\overline{m} = \sum_{i=1}^{N} m^i / N \tag{4.3-15}$$

此外，$\{\tau_j\}$ 还显示了每个抽样模型的变点发生的具体位置。通过这些向量，我们可以计算落在距离地面 t_i 或间隔 $[t_s, t_e]$ 区域内的变点数，或通过统计样本的频率来估计变点在距离地面 t_i 或间隔 $[t_s, t_e]$ 内发生的概率。最终得到图 4.3-1 中所示的概率分布图。

4.3.3　边坡深层位移曲线变点识别

将 Zhao 等[83]人研发的 BEAST 程序进行重新改良调整后，提炼出与深部变形曲线分析的相关内容，嵌入分析系统中。Zhao 等[83]给出了多个例子来说明该算法相较于传统算法的优势。为了实现通过基于 BMA 的变点分析来提取深部位移曲线，本节中使用了南京牛首山边坡的深部曲线来进行数据的分析计算，详细的工程资料参数见本书第 8 章。

本节中，使用自动化深部多向位移计进行测点数据自动化采集。用钻机钻孔至中风化岩层，通长布置测斜管，深度为 35～40m，共布设 9 处。测斜管中布设的全向位移计其测量标准量程为 0°～360°，测量分辨率为 0.0003°，系统稳定误差为 ±0.5mm（40m）。数据采用 2022 年 10 月—2023 年 10 月的监测数据。图 4.3-2 与图 4.3-3 为使用文中提到的变点分析方法提取的各个监测点位变点概率分布图。为了确保前后关系，h_t 选取 3，即考虑前后关系得到的变点位置概率的值。结合各个位移曲线的趋势项分析可以看出，该方法可以有效地提取曲线的突变位置，同时，也可以通过概率分布情况，提取数据序列中的多个变点，有效地提升分析效率，在实际对滑面的分析过程中，可根据突变点位置，有效提取滑动区间，划定蠕变滑动区域。

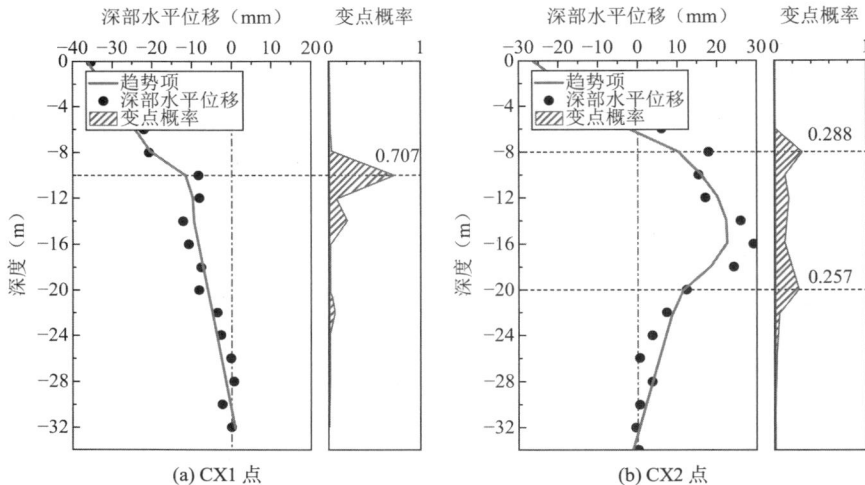

(a) CX1 点　　　　　(b) CX2 点

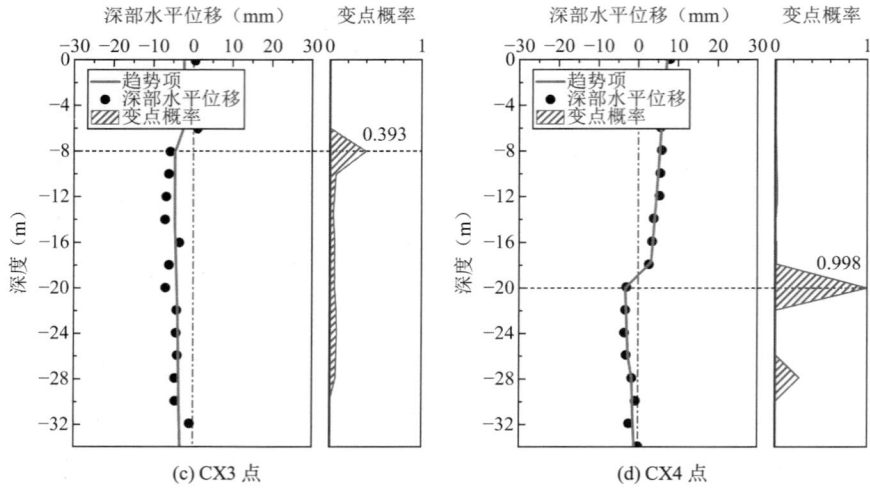

(c) CX3 点 (d) CX4 点

图 4.3-2　边坡剖面 1-1 深部位移曲线变点分析结果

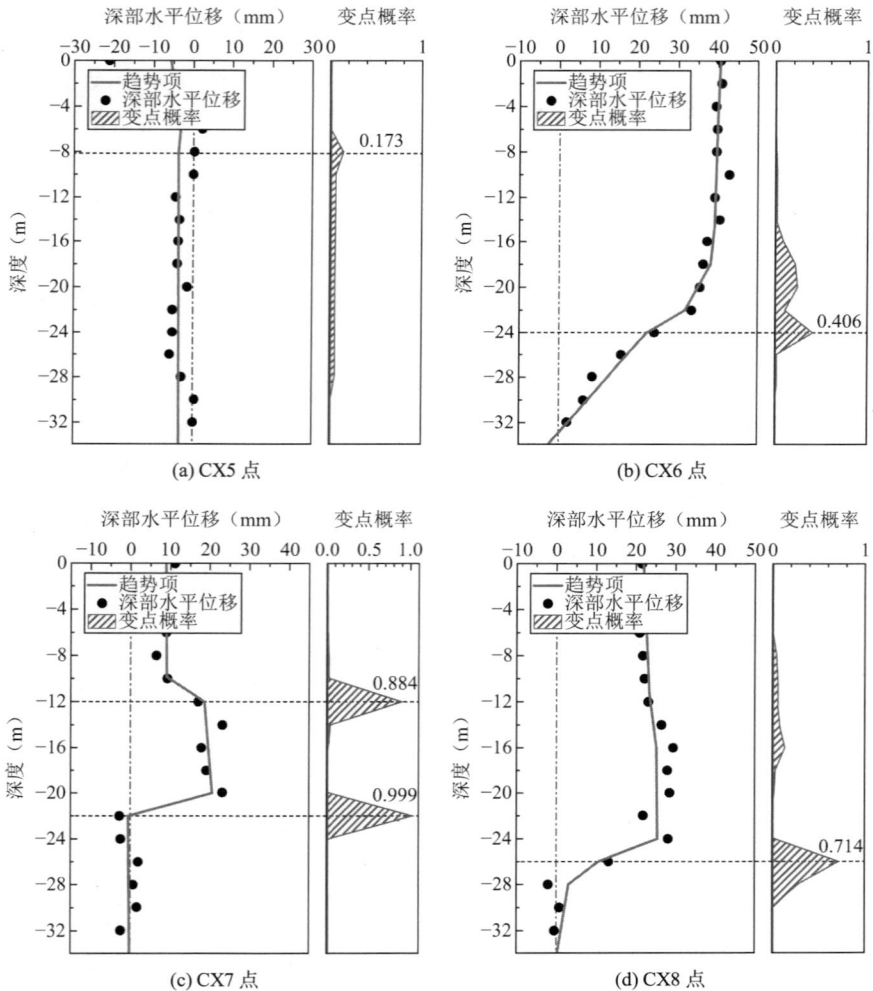

(a) CX5 点 (b) CX6 点

(c) CX7 点 (d) CX8 点

图 4.3-3　剖面 2-2 深部位移曲线变点分析结果

从对于深部位移曲线的概率分布情况进行分析可看出，部分变形状况呈现出明显的点状分布，如 CX4 与 CX7，此时位移的变化通常发生在特定点位（如 CX7 的−12m 与−22m 处）；有些变化则明显偏向区域化，如 CX2 中−20～−8m 与 CX1 中−16～−8m，采集到的数据一直处于随机方向、随机大小的不稳定状态，趋势不显著。在这种情况下，应该判定为蠕变滑动带，对于整个区域都应该得到重视。具体的工程案例将在第 8 章中进行详细的介绍。

4.3.4　小结

当需要通过深部位移曲线进行岩土体滑动界面自动提取时，贝叶斯变点分析是一种有效的技术。该方法常用于检测数据序列中的变化点，通过贝叶斯模型对这些变化点进行推断。其优势在于可以同时识别数据序列中的多个变化点，给出各点发生突变的概率，并且适用于多种数据类型。本研究中，使用 BMA 变点分析方案来综合判定深层位移曲线的突变点，并给出了监测区间内的突变概率。该方法有效提升了深部位移曲线变点的识别效率，为岩土体滑动界面与滑动带的识别和预测提供了有力的工具。

第 5 章

现状危险智慧评估

5.1 引言

在岩土工程实践中，如何对岩土体破坏风险进行科学评估，一直是学术界研究的热点。易损性（Susceptibility）作为评估岩土体发生破坏的可能性的综合指标，通常用该区域发生破坏的概率来表示。该指标是对潜在破坏区域的初步划分，受到多种外在条件和触发因素的共同影响。为确保能够及时预警预报，防止滑坡等岩土体破坏事件带来负面影响，开发高效的、适用性强的评估方法显得尤为迫切。边坡易损性分析作为危害风险评估的重要手段，其重要性不言而喻。传统的边坡评价手段大多依赖实地勘察、现场测量以及专家的经验性评估。然而，这些方法在复杂地形条件下存在显著局限性。一方面，追踪潜在坍塌地点往往伴随着高风险和高成本，因为实地调查往往需要在复杂的自然环境中进行，这不仅增加了工作的危险性，还使得调查过程耗时耗力。另一方面，传统的检测方法往往只能提供宏观角度的分析结果，难以从各个区域的状况进行全面而系统的评估。因此，这些传统方法在应对复杂地形和大规模区域评估时显得捉襟见肘，难以满足实际工程的需求。

采用 3S 技术进行多源数据岩土体综合评估与实地调查相比具有很大优势。为了解决泥石流灾害、大型滑坡等问题，经常使用地球遥感卫星数据进行区域建模，其优点是可以随时访问任何区域，不需要进行大范围的实地勘察。近些年来，无人机测量变成了一种获取数据的可靠方法。当高度为 100～150m 时，无人机搭载的多光谱相机所获得的图像可以达到厘米级别的分辨率。此外，低空无人机的另一个优点是价格相当低廉，采用基于无人机技术的地质灾害评估在成本和时间效率方面都有很大的优势。许多学者的研究结果表明低空无人机勘查技术已成功应用于各类地质灾害相关研究，如精细制图、监测和分析边坡等。然而，基于无人机数据的岩土体易损性研究，尤其是工程层面的研究，目前还属于起步阶段。

边坡易损性评估应综合考虑边坡区域内的各种因素，并构建一个基于因素间相关性的合理评估框架。传统的方法通常依赖于数值模型来计算稳定性，但这些计算往往仅涉及力学因素，而忽视了专家经验的积极影响。为了更全面地考虑各种因素，最常用的方法是将定性参数、定量参数等多种因子从不同角度进行数据融合，实现数据驱动与知识驱动的有效结合。

本章介绍了一种基于多源数据融合的岩土体易损性综合分析方法。该方法结合无人机摄影测量建模技术，运用层次分析-灰色关联度融合的方法，评估边坡岩土体的破坏概率，并在三维空间中直观展示各位置的岩土体易损性程度。这种方法不仅考虑了多影响因素之间的关系，还成功地将专家评价的正向影响纳入考量，提供了破坏概率与易损性的定量预测。此外，该方法还支持在"中航勘察工程智慧平台"上进行数据交互和展示，从而确保分析结果能够直接应用于工程实践。

5.2　AHP-GMR 数据融合算法

5.2.1　GMR 算法

灰色模型关联度分析（Grey Model Relation Analysis，GMR）是一种考虑多因素相关性统计分析的方法。该算法可以计算出在一个灰色系统中，某个关注的指标受其他关联因素影响的相对强弱。简而言之，先假定某一个指标可能与其他某几个因素具有相关性，通过灰色关联分析，可以判断出该指标与其他因素相对关联性的强弱，并对这些因素对该指标的相关性程度进行排序。在实际多元数据分析的过程中，该方法可以有效地剔除多余无关因素，并根据相关性大小确定各因子的权重，最终实现多元数据的有机融合。

灰色关联分析进行关联因子相关性与权重计算的步骤如下：

（1）根据评价指标来建立包含关联因子的评价指标体系，根据体系内的因子收集评价数据，将定性评价指标进行定量化转换，确定原始评价因子矩阵$\boldsymbol{X}$，

$$\boldsymbol{X} = \left\{ \begin{matrix} x_{11} & x_{12} & \cdots & x_{1n} \\ x_{21} & x_{22} & \cdots & x_{2n} \\ \vdots & \vdots & \ddots & \vdots \\ x_{m1} & x_{m2} & \cdots & x_{mn} \end{matrix} \right\} \tag{5.2-1}$$

评价因子矩阵包含n个因子，每个因子又有m个指标构成因子指标序列。其中，x_{ij}代表第j个因子的第i个指标值。从因子矩阵中选取一个因子作为参考评价指标序列，设定评价指标矩阵为$\boldsymbol{X}_{\mathrm{e}}$，

$$\boldsymbol{X}_{\mathrm{e}} = (x_{\mathrm{e}1}, x_{\mathrm{e}2}, x_{\mathrm{e}3}, \cdots, x_{\mathrm{e}m})^{\mathrm{T}} \tag{5.2-2}$$

（2）对指标数据进行标准化处理。如式(5.2-3)所示，计算每个因子指标的平均值，并将该评价因子与平均值的比值作为该因子的标准化评价值。对指标数据进行标准化处理得到标准化评价因子矩阵$\boldsymbol{Z}$和标准化评价指标矩阵$\boldsymbol{Z}_{\mathrm{e}}$。

$$z_{ij} = \frac{x_{ij}}{\sum\limits_{i=1}^{m} x_{ij}/m} \qquad z_{\mathrm{e}i} = \frac{x_{\mathrm{e}i}}{\sum\limits_{i=1}^{m} x_{\mathrm{e}i}/m} \tag{5.2-3}$$

$$\boldsymbol{Z} = \{z_{ij}\} \qquad \boldsymbol{Z}_{\mathrm{e}} = (z_{\mathrm{e}1}, z_{\mathrm{e}2}, z_{\mathrm{e}3}, \cdots, z_{\mathrm{e}m})^{\mathrm{T}} \tag{5.2-4}$$

（3）对标准化处理的评价因子矩阵$\boldsymbol{Z}$，逐个计算每个评价因子序列与标准化参考指标矩阵对应元素的绝对差值，并确定最大插值与最小插值。第j个因子绝对插值的最大值$\Delta\max_j$和最小值$\Delta\min_j$如式(5.2-5)所示。

$$\Delta_j = |\boldsymbol{Z}_{ij} - \boldsymbol{Z}_{ei}|$$

$$\Delta\min_j = \min|\boldsymbol{Z}_{ij} - \boldsymbol{Z}_{ei}| \qquad i = 1,2,3,\cdots,m \tag{5.2-5}$$

$$\Delta\max_j = \max|\boldsymbol{Z}_{ij} - \boldsymbol{Z}_{ei}|$$

（4）计算每个因子序列与参考指标序列对应元素的关联系数。本算法中涉及的关联程度，本质上是各个因子序列曲线与参考指标序列曲线的几何相似性程度。对于一个因子序列 $\boldsymbol{Z}_j$，比较其与参考指标序列 $\boldsymbol{Z}_e$，并计算各个时刻的关联系数 $\xi(x_{ij})$

$$\xi(x_{ij}) = \frac{\Delta\min + \rho\Delta\max}{\Delta + \rho\Delta\max} \tag{5.2-6}$$

其中，ρ 为分辨系数，取 $[0,1]$，ρ 越小，敏感性越大，相关系数值越小。

（5）关联系数计算。关联系数是比较因子序列与参考指标序列在整个序列区间上的关联程度值。为了得到一个整体上的判断值，有必要对序列区间内各个时刻的关联系数求平均值，作为因子序列与参考指标序列间关联程度的定量表示。第 j 个因子与参考指标的关联度为 r_j，

$$r_j = \sum_{i=1}^{m} \xi(x_{ij})/m \tag{5.2-7}$$

（6）关联度排序。各因子与参考指标的关联程度，将 n 个因子序列对参考指标序列的关联度按大小顺序排序，便组成了关联序，记为 r，它反映了对于参考指标序列来说各子序列的相关性大小。若 $r_1 > r_2$，则说明 1 因子序列与参考指标序列的关联程度优于 2 因子序列，且该因子的变化模式与参考指标序列的变化模式越相似。

（7）相关性矩阵的建立。根据上述计算关联度的步骤，依次选取因子矩阵中的因子作为参考指标序列进行关联度计算。将每次计算得到的关联度序列 r 进行组合，得到相关性矩阵。该矩阵可直观反映因子矩阵中，各个因子与其他因子之间的相关性关系，为后续数据融合权重分配奠定基础。同时，根据指标的排序与关联度的大小，可以显著区分各因子序列与参考指标序列间的关联程度，在实际数据融合的过程中，可以根据关联度大小剔除关联度极低的部分参数，有效提升融合计算的效率。

5.2.2　AHP-GMR 数据融合体系

结合岩土的技术特点，可以运用 AHP-GMR 数据融合体系进行监测数据的显著性分析判断。具体流程如图 5.2-1 所示。

（1）结合现场采集到的现场影响因素与自动化监测数据，进行多种数据融合算法比选与适用性分析。现场影响因素包含现场状况、几何形态、水文情况等多个类别。定性参数，如加固程度、破坏现状等可以应用专家打分的德尔菲法进行定性因素的定量化表征，形成参数矩阵；定量参数可直接由测量结果来进行提取。物理力学参数可以通过室内试验等方式获得。之后对多维度数据进行归一化处理，使所有的数据都转化为 $[0,1]$ 区间内的无量纲值，消除数据尺度影响。

（2）AHP-GMR 体系建立。AHP（Analytic Hierarchy Process，层次分析法）是一种定性与定量相结合的多准则决策方法，能够将复杂问题分解为若干层次和因素，通过两两比较确定各因素的相对重要性。将 AHP 与 GMR 分析相结合，形成 AHP-GMR 数据融合体

系，可以充分利用两种方法的技术优势，将影响因素组织成影响因子矩阵，方便后期的计算，提高数据融合分析的灵活性。

（3）采用第 5.2.1 节提出的灰色关联度算法进行各种参数间的敏感性分析与显著影响因子比选。通过计算得到的关联度数值大小，建立关联度矩阵。通过检索相关矩阵，可以得到各种因素与位移、应力等序列的显著性指标。

（4）区分显著性指标与非显著性指标，针对不同的测量结果，构建显著性指标影响体系，建立高度相关的数据矩阵。此时根据数据矩阵的权重，可以进行多源数据融合，得到被测岩土体的易损性指标 SSF（Slope Susceptibility Factor）。

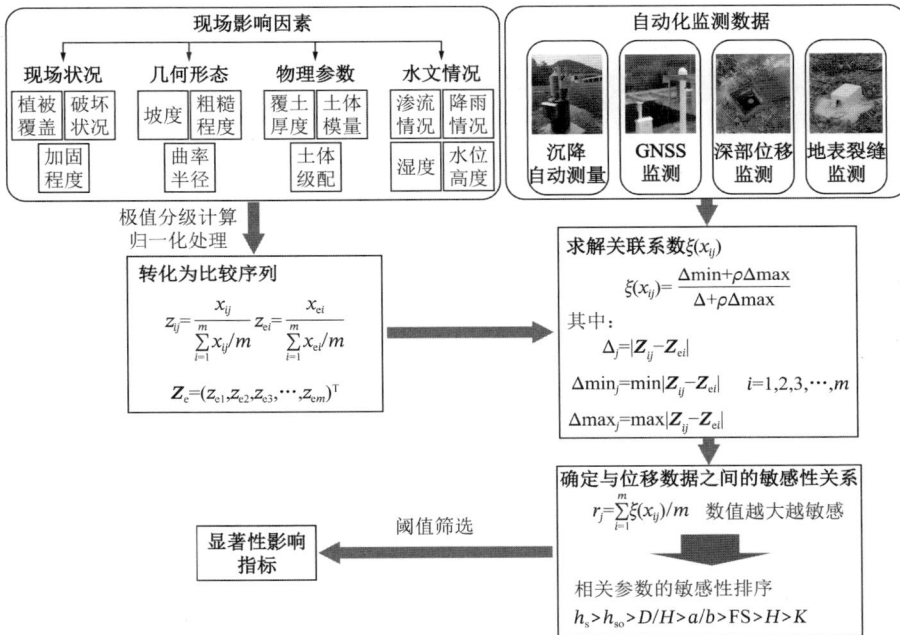

图 5.2-1　AHP-GMR 数据因子敏感性分析体系

结合 AHP 得到的权重向量和灰色关联度分析得到的关联度值，进行易损性综合分析数据融合，并对各监测指标进行综合评估，以确定其对整体监测结果的影响程度。通过综合分析，可以识别出对表观监测结果具有显著影响的指标，为岩土工程的融合评估提供有力的支持。

5.3　航空摄影测量建模与优化

5.3.1　机载摄影测量系统

无人机作为载具平台，为了满足三维空间建模的具体要求，通常需要搭载一系列测量、定位、定姿仪器，这些仪器共同组成三维测量系统，用来采集包括高清地质图像、飞行器空间位置、飞行器空间姿态等一系列解算三维点云模型必需的数据。

高清相机单元作为摄影测量精度的核心，是实现无人机摄影测量技术的关键。随着摄影技术的发展，相机也逐渐呈现轻小化趋势，其搭载的感光元器件也越来越大，这使机载摄影测量技术在保证测量清晰度的同时，可以抛弃原有使用大型单反相机进行拍摄的工作方式。一些精度较高的无人机设备也会搭载阵列相机，一般阵列 2 台或 5 台，这样可以有效地提高测量系统的鲁棒性，相应系统主要用于远距离高空摄影测量作业中。

惯性导航系统（Inertial Navigation System，INS）是一种利用惯性对载具姿态进行测量的系统，它被广泛地应用于设备的运动监测与控制之中。其工作原理是通过惯性测量元件（IMU）测量载体的三轴向姿态角、加速度等参数，再通过集成导航运算单片机进行实时的速度、角速度、空间姿态等参数的解析追踪。为了得到摄影测量所需要的相片 POS 信息（包含 IMU、GNSS 等信息），惯性导航单元常常设置在云台相机中。由于云台相机在进行拍摄时，相机本体姿态经常发生变化，这种设置可以确保对相机姿态的准确捕捉，为后期对高清图像进行摄影解算提供必要的姿态信息。

全球卫星导航系统（GNSS）是对用于全球空间位置定位的卫星系统的总称。GNSS 主要由测量卫星、地面基站、用户接收终端等几大部分构成。测量卫星通过对物体发送导航电文与测距信息，借助机载或地基接收终端最终解析电文并提供用户相关位置信息、速度信息等。目前在我国最常使用的就是美国的 GPS 系统与中国的北斗导航系统。GNSS 按定位方法一般分为两种，在无人机上的机载模块通常采用伪距定位，其便携性强但精度相对较低；地基系统一般运用载波相位定位，精度相对较高。因此，在实际对边坡模型进行生成时，应该在关键位置设立地面控制点（GCP），通过地基 GNSS 基站对机载 GNSS 数据进行修正。

定位定姿系统（POS）。在实际的位置解算中，通过 GNSS 与 INS 的相互配合可以同时弥补 GNSS 和 INS 的缺点，如图 5.3-1 所示，一般先通过 GNSS 系统对飞行器的位置与速度等参数进行独立分析，再将生成的数据反馈到惯性单元 IMU 的滤波器中，对惯性器的速度、位置、俯仰角等参数进行重新解算，通过卡尔兹曼滤波器对加速度计与陀螺仪中的速度与姿态进行零偏估计。运用这种反馈方法可以在确保程序复杂度相对较低、程序计算量较小的同时，有效地对机载惯性系统测量的速度与姿态参数误差进行控制，使整个定位、定姿过程保持较高精度。

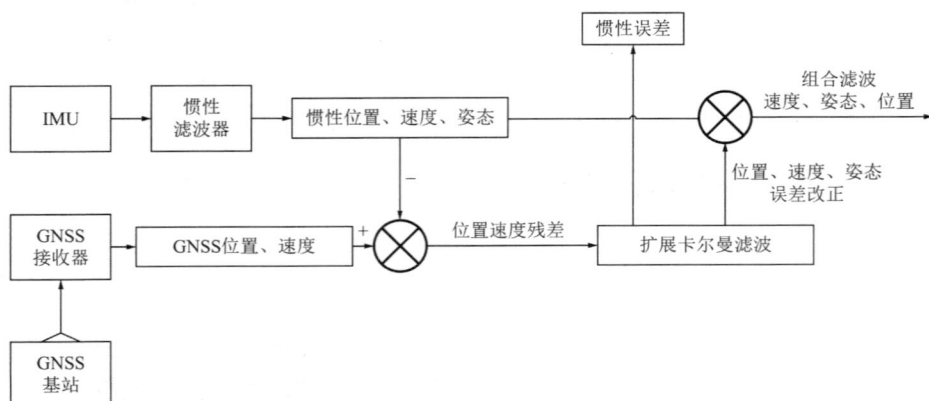

图 5.3-1　GNSS/IMU 协同工作流程

5.3.2　近景摄影测量技术

近景摄影测量技术是指通过对带有 POS/GNSS 信息的高清图片进行解析，得到图像中特征点的空间解析坐标，再通过对这些空间坐标进行插值计算，最后得到三维点云模型的过程。在摄影测量技术使用时，同一关键点会出现在多张摄影图片中，为了更加高效准确地计算控制点坐标，通常采用的方法是选取图像对进行空间关键点坐标的识别，同时运用其他包含关键点的图像，对该点进行多视线影像匹配（PMVS），以达到最终的解算结果。

空中三角测量是无人机成像处理的重要组成部分，其目的是通过图像匹配提取关键点和地面控制点，将提取出的关键点纳入地面坐标系，得到图像的外部坐标和关键点的地面坐标，解算加密点的坐标（图 5.3-2）。其配准的过程通常采用立体图像对的配准。典型的立体图像对是指覆盖重叠度高于 70% 的两幅图像。其配准思想是利用关键点的图像坐标和附加的连接点，确定图像的外方位元素。解决这个问题，传统的方法需要两步：第一步，在局部坐标系（相对方向）中确定图像和模型点坐标之间的对应关系；第二步，使用参考点（绝对方向）转换到全局对象坐标系。光束平差空中三角测量方法可以有效地缩减这一复杂的配准流程，达到更高的配准精度。

光束平差法是通过输入被测图片的坐标以及控制点的坐标位置，通过解算未知参量，最终得到图像中关键点的空间位置，同时还能对其进行误差分析。光束平差法的基本公式是共线方程。基本单位是每张图片对应的光束，利用光束的位置变换，实现同一点光束之间的交集，将整个图像区域放到一个统一的坐标系中。调整计算后，得到每张图片的外方位元素和所有加密点的坐标。最后，将地面控制点的坐标作为观测值，推导误差方程，如图 5.3-3 所示。

首先，利用 POS/GNSS 系统信息获得每幅图像在整个测量区域内的测量坐标与空间姿态，作为光束调整的初始值。再计算出每幅图的外方位要素和地面坐标的近似值后，利用共线方程推出每幅图上控制点和加密点的误差方程。共线方程如式(5.3-1)所示：

$$x = -f \frac{a_1(X - X_s) + b_1(Y - Y_s) + c_1(Z - Z_s)}{a_3(X - X_s) + b_3(Y - Y_s) + c_3(Z - Z_s)}$$
$$y = -f \frac{a_2(X - X_s) + b_2(Y - Y_s) + c_2(Z - Z_s)}{a_3(X - X_s) + b_3(Y - Y_s) + c_3(Z - Z_s)} \tag{5.3-1}$$

误差方程如式(5.3-2)所示：

$$v_x = \frac{\partial x}{\partial X_s} dX_s + \frac{\partial x}{\partial Y_s} dY_s + \frac{\partial x}{\partial Z_s} dZ_s + \frac{\partial x}{\partial \varphi} \varphi + \frac{\partial x}{\partial \omega} d\omega + \frac{\partial x}{\partial \kappa} d\kappa + \frac{\partial x}{\partial X} dX + \frac{\partial x}{\partial Y} dY +$$
$$\frac{\partial x}{\partial Z} dZ + x^0 - x$$
$$v_y = \frac{\partial y}{\partial X_s} dX_s + \frac{\partial y}{\partial Y_s} dY_s + \frac{\partial y}{\partial Z_s} dZ_s + \frac{\partial y}{\partial \varphi} \varphi + \frac{\partial y}{\partial \omega} d\omega + \frac{\partial y}{\partial \kappa} d\kappa + \frac{\partial y}{\partial X} dX + \frac{\partial y}{\partial Y} dY +$$
$$\frac{\partial y}{\partial Z} dZ + y^0 - y \tag{5.3-2}$$

式中：(X_s, Y_s, Z_s)——相关图像的空间坐标；

　　　　φ, ω, κ——相关图像的空间姿态（仰角，横滚角，航向角）。

式(5.3-2)写成矩阵形式可得：

$$\begin{bmatrix} V_x \\ V_y \end{bmatrix} = \begin{bmatrix} a_{11} & a_{12} & a_{13} & a_{14} & a_{15} & a_{16} \\ a_{21} & a_{22} & a_{23} & a_{24} & a_{25} & a_{26} \end{bmatrix} \begin{bmatrix} dX_s \\ dX_s \\ dX_s \\ d\varphi \\ d\omega \\ d\kappa \end{bmatrix} + \begin{bmatrix} -a_{11} & -a_{12} & -a_{13} \\ -a_{21} & -a_{22} & -a_{23} \end{bmatrix} \begin{bmatrix} dX \\ dY \\ dZ \end{bmatrix} - \begin{bmatrix} l_x \\ l_y \end{bmatrix} \quad (5.3\text{-}3)$$

或者

$$V = \begin{bmatrix} A & B \end{bmatrix} \begin{bmatrix} X \\ t \end{bmatrix} - L \quad (5.3\text{-}4)$$

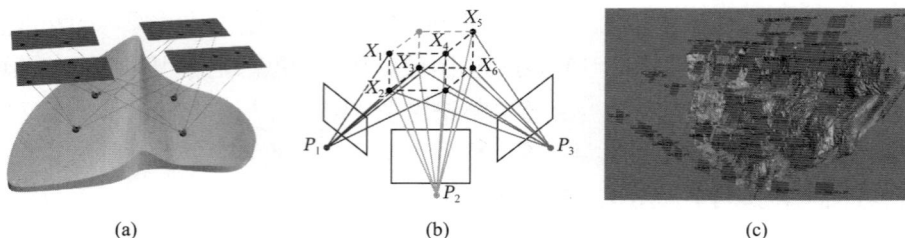

图 5.3-2　空中三角测量法示意图

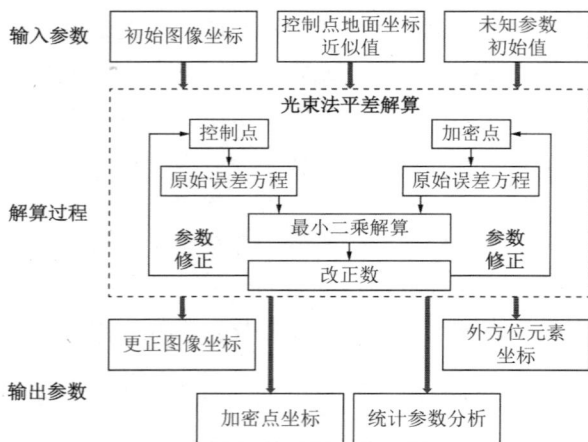

图 5.3-3　基于光束平差法的点云解算基本步骤

可得到法线方程为

$$\begin{bmatrix} A^{\mathrm{T}}A & A^{\mathrm{T}}B \\ B^{\mathrm{T}}A & B^{\mathrm{T}}B \end{bmatrix} \begin{bmatrix} t \\ X \end{bmatrix} = \begin{bmatrix} A^{\mathrm{T}}L \\ B^{\mathrm{T}}L \end{bmatrix} \quad (5.3\text{-}5)$$

除了未知的空间姿态参数和点坐标外，通常还需要多个参数来定义基准点。通常情况下，这些参数可以通过使用参考点或相关条件方程来消除。通过测量条带对测量点进行顺序编号，产生对角线形式的数据结构，通过排序算法进一步优化解算的顺序。

5.3.3　现场调查工作流程

运用无人机进行高陡岩坡地质建模应当遵循以下步骤：（1）观看地形/地质图。研究该地区地形与地质构造，对被测区域范围进行标定，对预定的飞行路线与飞行高度进行初步估计。（2）区域总体踏勘。在进行近距离摄影测量之前，应该通过实地踏勘，观察被测范围内的情况，重点要关注是否有电线塔、树木等对无人机摄影测量有明显影响的障碍物与设施。（3）近景测量。通过无人机近景摄影测量方法，对被测区域进行建模，通过计算机解算，得到三维实景模型。同时可以重点观察边坡拉裂区域与剪切破坏区域的分布与破坏程度，为后续边坡评估研究提供必要的理论与模型依据。

虽然无人机近景摄影测量技术在三维地质模型的建立上有无法比拟的优势，但我们也应该认识到，该技术目前也存在许多的使用限制。运用该技术进行测量时应该满足以下几点要求：（1）阳光强烈程度低。强烈的阳光会在地面投射大量阴影，这些阴影会直接影响对边坡原有岩性与裂隙的观察识别。（2）天气情况良好。多旋翼无人机通常对小雨和低速风有一定的抵御能力，但当风速过快，超过了无人机云台本身的误差补偿范围，无人机的空间定位数据就会产生较大误差。在后期生成模型时，图片解析出的基准点也会随之出现较大误差。（3）被测边坡不在禁飞区域。根据我国中小型航空器管制相关规定，处于机场周围 20km 以内及部分人口比较稠密的地区均为无人机的禁飞区，如果不加以注意，可能会受到行政处罚。

5.3.4　点云建模工作流程

无人机摄影测量点云建模的具体工作流程如图 5.3-4 所示。首先，使用经过数据标定的高清图像采集设备，在分层次、高覆盖率的原则的指导下，对目标边坡进行影像采集；之后，通过对影像的 GNSS 数据进行预处理，将影像进行空间定位，通过多视立体视觉算法（PMVS）与运动结构回复算法（SfM）确定关键点的粗略位置；运用上文提及的光束平差法，结合 GCP 的控制参数，针对单一标定点与多张图像中的关联位置点进行平差与校准。最后通过插值与映射的方法，生成三维点云模型与数字高程模型。

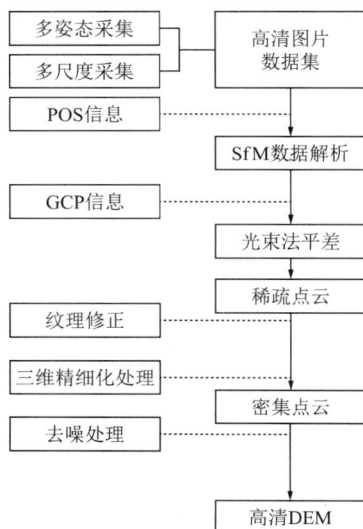

图 5.3-4　基于无人机摄影测量的高清 DEM 建模流程

1. 数据预处理

对采集到的数据进行预处理主要是对原始数据进行汇总和整合，将处理后的数据以数据列表的形式存储起来，供后期计算使用。信息处理主要包含删除不清晰或重复的图像，把相机校准信息和 GNSS 空间数据信息与照片进行关联，形成一个数据信息列表，方便下一步的调用处理。相机校准信息主要包含相机光圈大小、曝光强度等信息；信息则主要包括云台相机拍摄位置的坐标信息、拍摄俯仰角、拍摄设备的空间姿态等。

2. SfM 算法

无人机在拍摄过程中，由于一些不可避免的原因，比如风振抖动、云台姿态不佳等，会使无人机拍摄图像边缘会产生畸变，常规摄影测量提取方法很难保证点云提取的精确性，因此本研究采取 SfM 算法（Structure from Motion）进行稀疏点云的提取。SfM 三维重构方法是将摄像机在不同时刻或不同位置下获取的同一目标的图像组成图像序列，分析图像序列的几何约束关系重构出目标三维信息。SfM 方法只与携带有场景数据信息的图像本身有关，不会因为获取影像的顺序不同而影响最终关键点的识别结果。该方法借助无人机云台自带的 GNSS 定位功能，建立影像拓扑结构，将重叠点集进行拆分运算，并对不同图像中的点集进行匹配映射运算。匹配不同影像重复的点，设定关联值并进行关联计算：当计算结果小于关联值时，默认所有待匹配影像参与匹配；当大于关联值时，默认参与匹配影像数等于关联影像数。SfM 算法通过上述算法完成图像的匹配，将图像进行分块，对分块建立尺度空间，检测极值点，生成特征描述符，便于对特征进行提取，生成关键点的详细坐标信息。

3. 光束平差

通过光束平差调整来对 SfM 法生成的关键点的空间位置坐标进行修正，并由这些关键点差值生成稀疏点云。借助每幅图像中的地面控制点，通过比较多张相邻的图像中控制点的位置差异，对三维点云中关键点的准确位置进行误差修正。

4. 三维模型解析

将相关位置的关键点坐标与地面验证点坐标进行比较，以测试解析关键点坐标的准确性；经过平差处理的稀疏点云经非线性插值算法处理后形成密集点云数据集；最后，将地表纹理数据映射到三维密集点云数据集上，生成高分辨率三维空间点云模型。

5.3.5 点云模型降采样与分组

点云降采样和地面提取在点云数据处理中起着至关重要的作用，有助于分析和理解三维空间数据，尤其是在边坡评估分析等工程地质领域。降采样可以减少数据量，从而降低计算成本，提高处理速度，同时保留足够的信息以维持点云的结构特征。地面提取也是岩土点云数据处理中的一个关键步骤，特别是在进行地形分析、边坡稳定性计算等工作中。通过识别和分离出地面点，可以有效地减少非地面点（如树木、建筑物等）对后续处理任务的干扰，提高整体数据分析的准确性和效率。

本研究中，使用体素下采样法，通过将点云空间网格化并在每个体素内部取平均点来优化点云的密度。同时，引入了改进梯度滤波方案来实现点云数据的处理。把点云按照一定大小的网格进行划分，每个网格设定相应的坡度阈值；提取网格中每个点的高程值，减去该网格中最低的高程值，然后除以它与最低点的距离得到该点的坡度值。当坡度值超过设定的阈值时，则被认定为非地面点；低于阈值则被认定为地面点，如图 5.3-5 所示。该方法的基本计算步骤如下：

（1）设置网格大小S，设置坡度阈值G_t，计算整个点云模型中网格的数量。

（2）顺序遍历每一个网格，寻找该网格的最低点，然后通过式(5.3-6)计算网格内每一个点的梯度值G。

$$G = \frac{(z_i - z_{P_{\min}})}{\sqrt{(x_i - x_{P_{\min}})^2 + (y_i - y_{P_{\min}})^2}} \tag{5.3-6}$$

式中：$P_{\min}$——每个网格中高度最低的点；

x_i、y_i、z_i——每个网格中第i个点的x、y、z值。

（3）遍历网格内每个点，用该点坡度值G和坡度阈值G_t做比较，运用式(5.3-7)计算该点的标签值。

$$\begin{cases} M_{P_i} = 1 & G \leqslant G_t \\ M_{P_i} = 0 & G > G_t \end{cases} \tag{5.3-7}$$

式中：M_{P_i}——第i个点的标签值。

（4）遍历所有网格后结束计算，将结果以向量形式输出，结合点云的空间位置标记出地面点和非地面点。

为了验证该算法的适用性，本研究以牛首山阿里拉酒店边坡点云模型为实例，进行地面点提取测试。首先使用体素下采样法，从原始点云 14000000 个点中提取 500000 个点作为分割识别的基本模型，采样网格S根据被测点云区域的尺度大小，定义为 3m。图 5.3-5 中分别展示了密集点云模型、降采样点云模型、点云分割、地面点云模型。从图中可以看出，基于改进梯度法的点云分割算法可以有效地将建筑物、树木等物体从点云中识别出来，并提取出地面点云。

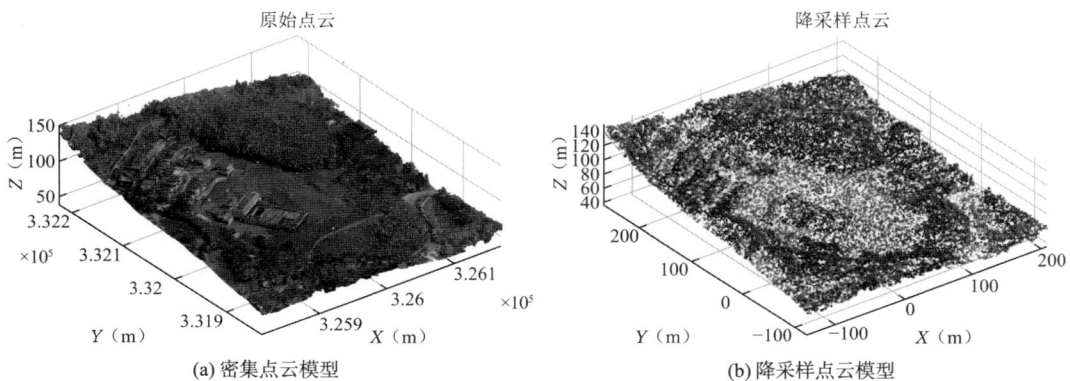

(a) 密集点云模型

(b) 降采样点云模型

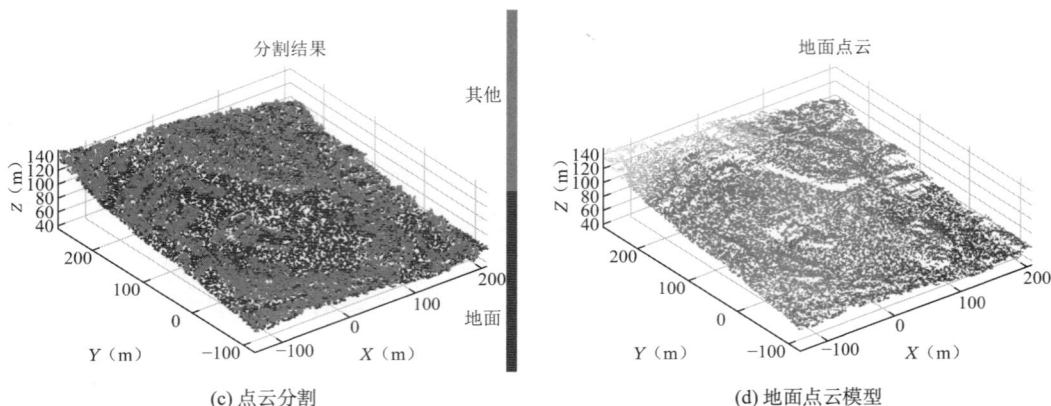

(c) 点云分割   (d) 地面点云模型

图 5.3-5   基于改进梯度滤波法的点云分割

表 5.3-1 中展示了不同梯度阈值 t 下进行边坡地面点云分割的结果，包括提取模型的点云数、在原始点云中的占比和计算时间。随着梯度阈值 t 的增加，点云数逐渐增加，在原始点云中的占比也逐渐增加，但计算时间基本保持不变。这是因为随着梯度阈值 t 的增加，地面点云分割算法对于地面点云的定义会更加宽泛，提取地面点云点数量会更多，从而增加了点云数和与原始点云的占比。同时，计算时间基本保持不变，说明了该算法在计算过程中采用的数据结构可以根据点云密度进行自动调整，使得计算时间不受梯度阈值 t 的影响，在大规模点云计算时，具有一定优势。

不同梯度阈值 t 下的地面点云分割结果汇总   表 5.3-1

t	地面点云点数	地面点云占比（%）	计算时间（s）
0.1	71083	14.2166	27.8677
0.3	141179	28.2358	27.997102
0.5	179212	35.8424	28.235772
1	238281	47.6562	27.733792

从图 5.3-6 中可以看出，在不同的阈值 t 下，可以实现不同效果的地面点云提取，在实际工程中，可以根据实际情况对参数进行调整，以达到不同的点云采集要求。该模块可以有效地实现三维点云模型中地面点的全自动提取，为后续边坡岩土体的数据显示与分析提供必要的基础条件。

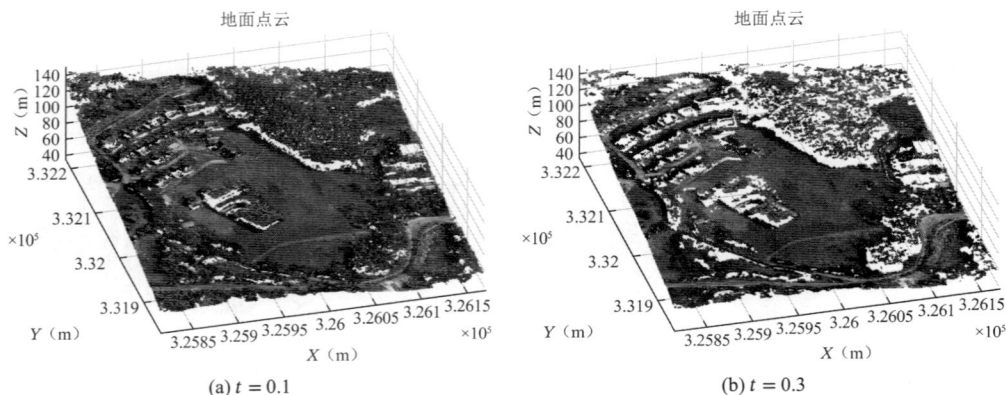

(a) $t = 0.1$ (b) $t = 0.3$

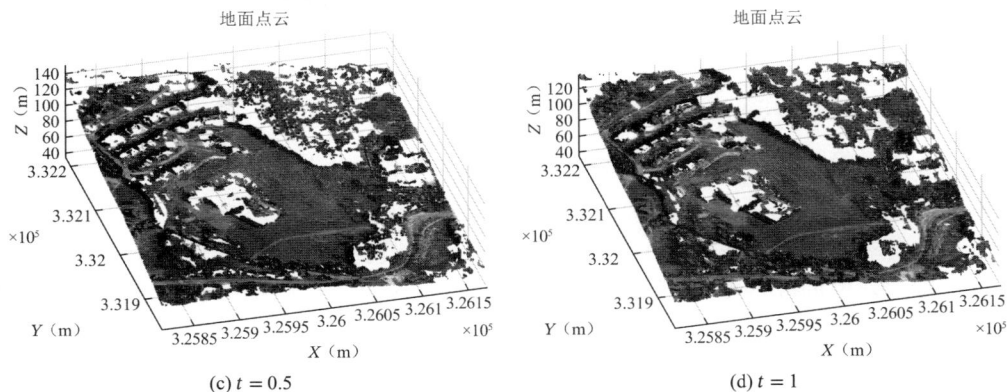

图 5.3-6　不同梯度阈值 *t* 下提取出的地面点云

5.3.6　数据模型轻量化

1. 3Dtiles 与 Cesium 引擎

3D Tiles 是由 Cesium 团队首次引入并推广的一种开放标准，旨在优化和流式传输大规模异构 3D 地理空间数据集。3D Tiles 是一种用于流式传输和渲染大量 3D 地理空间数据的开放标准。它被设计为分层数据结构，提供了一系列的图块格式来支持可渲染内容的传输。这些图块格式基于 glTF 2.0，一个为 3D 内容高效传输和加载而设计的开放式规范。3D Tiles 通过定义一个包含元数据和对可渲染内容引用的 tileset 来组织数据。这些 tilesets 在空间数据结构树中被组织起来，并利用细节层次（LOD，Layers of Details）的概念来优化渲染。每个 tile 都有一个 bounding volume，定义了其内容的空间范围，确保了数据的空间连贯性。

Cesium 是一个开源的 WebGL 虚拟地球和地图引擎，它允许用户在网页浏览器中创建、探索和共享 3D 地理空间内容。Cesium 的核心功能之一就是支持 3D Tiles 标准，3D Tiles 的设计理念是为了满足不断增长的 3D 地理空间数据需求，并且能够与 Cesium 引擎无缝集成，提供交互式、可定制和适应性强的 3D 视觉体验。3D Tiles 标准的成功实施，不仅推动了 Cesium 的发展，也促进了整个 3D 地理空间生态系统的进步。

Cesium 通过 3D Tiles 标准，使得开发者能够在 Cesium 平台上上传和管理自己的 3D 地理空间数据，同时也支持时间动态的可视化和模拟，让用户能够观察到随时间变化的场景。为了实现中航勘察工程智慧平台的模型三维展示与交互，在三维架构体系中引入了 Cesium 引擎作为三维展示模块的核心引擎。

2. 基于 3D Tiles 架构的模型轻量化基本步骤

通常情况下，使用摄影测量建模软件进行摄影测量图像解析可以直接生成的 LAS 格式的点云或 OSGB 格式的瓦片模型，要将相应模型导入中航勘察工程智慧平台的 Cesium 三维模块中，需要将 LAS 和 OSGB 模型转换为专属的 3D Tiles 格式，并进行模型的轻量化处理。这是一个涉及多个技术步骤的过程，旨在优化这些模型的存储和渲染效率，以便可以在 Cesium 引擎为基础的显示平台上使用。以下是转换过程的详细步骤：

（1）准备模型数据。对于 LAS 文件，确保它们包含正确的地理位置信息和点云数据。对于 OSGB 文件，确认所有相关的文件都是完整的，并且包含必要的纹理和元数据。

（2）执行转换。选择一个支持 LAS 和 OSGB 格式转换的工具库，如 3dtiles 库、cesium-3dtiles-tools 库等。对于 LAS 数据，通常需要先将其转换为中间格式，如 PLY 或 OBJ，然后再转换为 3D Tiles。

（3）配置转换参数。根据需要设置 LOD 参数，以控制输出模型的细节级别。调整如空间参考、坐标转换和优化选项等其他参数，以适应目标平台的需求。

（4）检查与优化。在支持 3D Tiles 的视图器预览模型，以检查模型的质量和性能，并根据实际情况对模型进行进一步的优化，减少模型的复杂度，压缩纹理，或者调整模型的分割方式，以提高渲染效率，使模型达到相应轻量化的要求。

（5）发布和使用。将转换后的 3D Tiles 模型部署到服务器上，以便在智慧平台 Web 应用端中进行访问，配合进一步的集成与开发。

通过以上步骤，可以将 LAS 和 OSGB 模型有效地转换为 3D Tiles 格式，从而在中航勘察工程智慧平台上实现高效的数据管理和可视化。这个过程需要根据具体的数据特点和应用场景来调整，以确保最终的模型既满足视觉效果又具有良好的性能表现。在实际操作中，可能还需要根据反馈进行多次迭代和调整，以达到最佳效果。

5.4 多源数据融合危险性评估

为了解决边坡岩土体危险性评价问题，本研究中引入如图 5.4-1 所示的边坡危险性评价流程。具体流程如下。

（1）数据自动化采集。通过自动化采集传感器与物联网技术，实时采集多源岩土监测数据，岩土数据集包括地表位移、深部位移、GNSS 位移等表观因子数据，以及自然环境因子（如植被覆盖、降雨量）、几何因子（如坡面坡度、曲率）和历史数据因子（如开裂情况、结构安全情况）等不同维度的影响因子数据。

（2）探究位移影响因子的相互关系与维度转化。将巡视与历史资料查阅时获得的各种影响因子进行量化归一处理，结合多种影响因子与岩土监测数据，分析多环境影响因素对岩土体变形位移特性的敏感性；使用灰色关联度算法，分析各影响因子与位移、沉降等表观因子之间的相关性，根据影响因子之间的相关性与显著性进行影响因子筛选，构建与优化显著性影响因子体系，实现多元异构数据中的高维度数据模型与低维度数据模型的耦合，尽可能地减少后期使用智能算法进行预测计算时，由于复杂的影响因子体系而产生的数据冗余，拉低计算的效率。

（3）多影响因子作用下的监测时序曲线分析。采用 EMD-Elman 神经网络融合算法对被测岩土单元时程位移曲线进行位移、速度、加速度、切线角等多阶频谱联合解析，采用独立的网络学习分析，确保可以识别出周期项与趋势项各自的发展模式，在第 6 章中将详细介绍。同时，在传统位移分析的基础上，引入显著性影响因子作为训练网络的关联数据，形成一种充分考虑显著性环境影响因素的序列预测方法，预测相应岩土体位移变形可能发展趋势，并通过空间插值分析（第 6.3 节），得出全空间位移发展趋势，为未来的预警预报提供数据基础。

（4）通过模糊聚类的基本思想，对多元异构数据进行归一化处理、特征提取与权重判定，结合显著性影响因子体系，建立基于实测数据的岩土体多维度易损性综合评价体系。实现对复杂工程条件下区域岩土单元的稳定性与易损性的评估与可视化显示。同时，引入专家评价指数作为控制权重系数，使专家知识体系可以有效地干预多影响因子的组合，确保最后评估结果的合理性与准确性。

本小节主要介绍多源数据融合边坡危险性评估的一般步骤与评价策略，具体评价方案与分析结果将在第 8 章中进行综合展示。

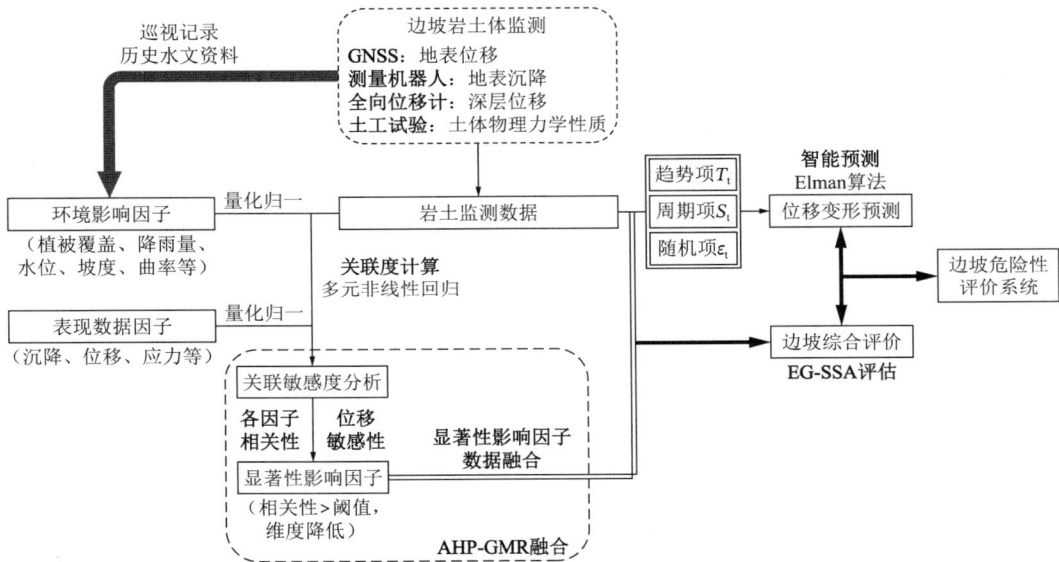

图 5.4-1　多源数据融合边坡危险性评价

5.5　本章小结

本章详细介绍了一种基于多源数据融合的边坡危险性综合分析方法及其基本步骤流程。该方法结合了无人机摄影测量建模技术，并运用 AHP-GMR 融合的方法，用于评估边坡岩土体的破坏概率。同时，可在三维空间中直观展示各区域的易损性量化指标。该方案实现了数据驱动与知识驱动的有效结合。同时，本章还详细介绍了无人机近景摄影测量、点云采样和模型轻量化等方面的相关方法和路径，以确保分析结果能够流畅地在中航智慧工程平台上进行数据交互和展示，并直接高效地应用于工程实践。

第 6 章

发展趋势智慧预测

6.1 引言

为了对滑坡等地质灾害发生时岩土体的变形特性进行深入解析与准确预测，对监测数据时程曲线的分析至关重要，这种分析通常利用先进的数据解析算法，来处理和分析监测数据，识别曲线中的早期灾害迹象，预测其发展趋势，从而为及时的预警和灾害防范提供科学依据。

在时程曲线的智能分析领域，神经网络技术发挥着至关重要的作用。通过深度学习算法，能够从大量的历史数据中学习和识别复杂的模式和关系，从而实现对岩土体位移、变形趋势的准确预测。这种智慧预测不仅提高了预测的准确性，还大幅缩短了分析时间，为灾害监测和预警系统提供了强有力的技术支持。深度学习智能算法的引入，可以从历史监测数据中学习复杂的模式，提高预测的准确性，同时，可以实时处理监测数据，快速响应边坡活动的变化，为紧急避险提供即时信息。利用时间序列预测和模式识别，可以预测边坡的未来位移演化趋势，帮助制定预防措施，有助于优化监测资源，集中关注高风险区域，提高资源使用效率。

智能分析的一个关键优势是其自适应能力。随着时间的推移和更多数据的积累，智能算法能够不断调整其权重和偏差，以适应新的模式。这意味着预测模型会随着时间变得更加精确，能够更好地反映实际的滑坡动态。智能分析还能够整合多种不同类型的数据，包括气象条件、地质结构、水文情况等，这些都是影响滑坡行为的重要因素。通过这种整合分析，能够提供一个全面的滑坡风险评估，帮助决策者制定更有效的防灾减灾措施。

基于上述优势，为了更加高效地实现监测数据智能分析的目的，本研究中引入了EMD-Elman 智能算法模型来对边坡监测数据进行模式分解与趋势预测，同时，通过基于BSI 的空间插值算法，可以有效地将一维变形数据扩展到三维空间，为后续岩土时空数据发展趋势预测提供必要的数据支撑。

6.2 EMD-Elman 融合分析

6.2.1 EMD 数据分解算法

经验模态分解（Empirical Mode Decomposition，EMD）是一种信号分解方法，它将信号分解为一系列固有模态函数（Intrinsic Mode Functions，imf）的叠加，每个 imf 的振幅随时间变化，而且不含固定频率。通过这种方法，可以有效地分析非线性和非平稳信号，并将它们分解成更基本的模态成分。

EMD 分解过程如图 6.2-1 所示，具体过程如下：

（1）将信号的极值点连接起来，形成上包络线和下包络线。对于任何时刻，上包络线和下包络线的平均值构成了信号的局部均值。

（2）计算信号的局部极值点的平均值，得到一条局部均值曲线。

（3）将原始信号减去局部均值曲线，得到一条无趋势信号。

（4）重复步骤（1）至步骤（3），直到信号成为一条 imf。这时，imf 应满足以下两个条件：①在数据区间内的任何时刻，imf 的正负波形个数相等或者相差最多一个；②在局部极值点上，imf 的平均值为零。

（5）将 imf 与余下的无趋势信号重复上述过程，直到所有 imf 均被分离出来。

EMD 分解方法是一种有效的信号分解方法，可以将非线性和非平稳信号分解成多个基本模态成分，具有广泛的应用前景。EMD 分解方法是一种完全数据驱动的方法，不需要预先设定基函数，可以自适应地分解出信号中的所有基本模态成分。其对非线性、非平稳信号的处理效果较好，可以分解出信号中的多种特征频率成分。

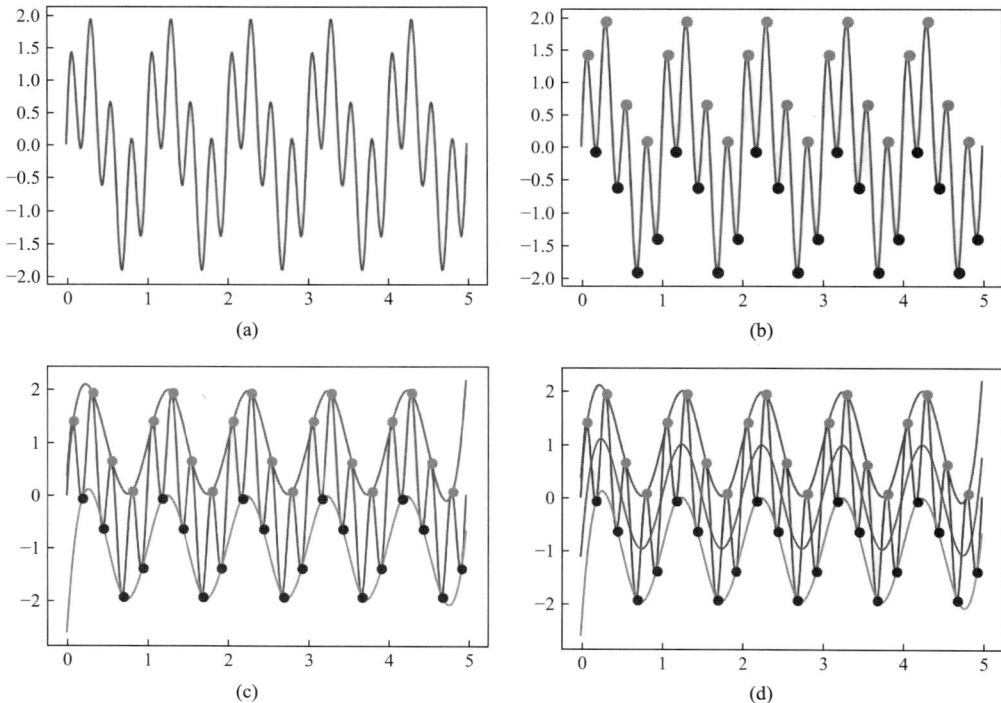

图 6.2-1　EMD 方法的分解过程

6.2.2　时程数据分解指标

为了更好地对边坡位移曲线的瞬变机理进行提炼。许强[84]提出了使用改进切线角的方案来进行分析。该方法主要用于定量直观地标识边坡变形过程中的发育阶段与破坏阶段，具体见式(6.2-1)、式(6.2-2)。根据计算出来的分析参数，具体预警方法与判断阈值如表 6.2-1所示。

$$\alpha_i = \arctan \frac{S_i - S_{i-1}}{B(t_i - t_{i-1})} \tag{6.2-1}$$

$$B = \frac{S_i - S_1}{t_n - t_1} \tag{6.2-2}$$

其中，S_i、t_i 分别为第 i 时刻的位移与时步；S_1、t_1 分别为初始时刻的位移与时步；t_n 为此监测序列的最大时步。

基于改进切线角的位移预警方法 表 6.2-1

变形阶段			初始变形阶段	匀速变形阶段	初加速阶段	中加速阶段	临滑阶段
预警指标	第1步	变形速率V	$V < V_1$	$V_1 \leqslant V < V_2$	$V_2 \leqslant V < V_3$	$V \geqslant V_3$	
		变形速率增量ΔV	$\Delta V < 0$	$\Delta V \approx 0$	$\Delta V > 0$		
	第2步	切线角α	$\alpha < 45°$	$\alpha \approx 45°$	$45° < \alpha < 80°$	$80° \leqslant \alpha < 85°$	$\alpha \geqslant 85°$
危险性预警级别			—	注意级	警示级	警戒级	警报级

6.2.3 Elman 智能预测算法

Elman 网络，也称作简单反馈神经网络，是一种前馈神经网络和循环神经网络的结合体。它是由美国心理学家 Jeff Elman 在 1988 年提出的，用于处理时间序列数据，如自然语言、时间序列等。

Elman 网络的基本结构包括输入层、隐含层和输出层，其中隐含层与输出层之间加入了一层反馈连接。在每个时刻，输入向量经过输入层传递至隐含层，隐含层中的神经元接收输入信号并通过激活函数进行处理，然后将其传递至输出层和下一个时刻的隐含层。同时，上一个时刻的隐含层输出的值通过反馈连接传递至当前时刻的隐含层，起到记忆历史信息的作用。Elman 网络的结构如图 6.2-2 所示。假设在时刻 t，Elman 网络的输入向量为 x_t，输出向量为 y_t，隐含层神经元的输出向量为 h_t，则网络的计算过程可以表示为以下公式：

$$h_t = f_h(W_{hi}x_t + W_{hh}h_{t-1} + b_h) \tag{6.2-3}$$

$$y_t = f_y(W_{hy}h_t + b_y) \tag{6.2-4}$$

其中，W_{hi} 表示输入层到隐含层的权重矩阵；W_{hh} 表示隐含层之间的反馈权重矩阵；W_{hy} 表示隐含层到输出层的权重矩阵；b_h 和 b_y 分别表示隐含层和输出层的偏置向量；f_h 和 f_y 分别表示隐含层和输出层的激活函数，常用的激活函数包括 sigmoid 函数和 tanh 函数等。

Elman 网络的训练通常采用反向传播算法，即通过最小化网络的误差函数来更新权重矩阵和偏置向量。常用的误差函数包括均方误差（Mean Square Error，MSE）和交叉熵（Cross Entropy）等。

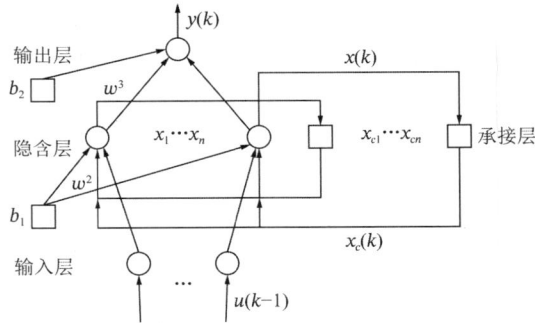

图 6.2-2　Elman 网络结构示意图

Elman 网络在序列建模和预测方面具有很好的性能，尤其是对于短期预测和局部模式识别等问题，具有较强的适应能力[85]。以边坡工程为例，假设使用 Elman 网络进行位移预测，其中输入变量包括时间、降雨量、位移变化量等多个因素，输出变量为边坡位移的变化量。Elman 网络的训练过程可以通过最小化均方误差来实现。具体步骤如下：

（1）收集边坡的历史位移数据和相关影响因素数据，形成多因子数据矩阵，并分割为训练集和测试集。

（2）对数据进行预处理，如归一化、数据平滑等处理，本研究中将引入 EMD 分解方案对位移时序数据进行分解计算，以提高网络的稳定性和预测精度。

（3）搭建 Elman 网络结构，设置隐含层神经元数量和激活函数等超参数，进行网络训练和验证。

（4）在训练集上进行网络训练，使用反向传播算法更新网络的权重矩阵和偏置向量，使得网络输出与真实值之间的误差最小。

（5）在测试集上进行网络测试，比较网络预测结果与真实值之间的误差，并进行评估和改进。

Elman 网络在边坡位移预测上的应用，不仅能够提高边坡监测预警的效率和精度，还能够作为边坡评估和风险评价提供重要依据，具有重要的实际应用价值。

6.2.4　EMD-Elman 智能预测流程

以边坡位移时程数据序列为例，介绍本研究中基于多源数据融合的 EMD-Elman 预测的一般方法，如图 6.2-3 所示。结合第 5.2 节提出的 AHP-GMR 矩阵，可对多元数据集进行优化，结合 EMD 数据分解方法，分别对时程曲线数据进行预处理，对位移序列、速度序列等分别建立由趋势项、周期项、随机项的学习数据集合，进行反复预测对比过程，通过阈值判定后，进行数据融合，生成相应曲线。使用 EMD-Elman 方法可以有效控制关键 imf 的权重，有效提高处理结果的准确性，合理预测时程曲线的发展趋势。

本研究中，结合前两节提出的算法，结合多源数据融合思想，详细地设计出基于 EMD-Elman 算法的多源数据融合预测流程。

（1）多源数据收集。在这一步，我们从不同的传感器和监测设备收集数据。这些数据可能包括地表位移、土壤湿度、降雨量等，这些都是滑坡监测中的关键参数。

（2）数据预处理。首先，我们需要对收集到的数据进行去噪处理，以消除环境噪声或设备误差带来的干扰。然后，将数据归一化，确保不同来源的数据具有可比性。之后，从归一化的数据中提取出对预测滑坡有用的特征。结合第 5.2 节提出的 AHP-GMR 矩阵，对多元数据集进行优化，建立具有显著相关性的数据体系。

（3）数据分解与数据集扩增。使用 EMD 方法将预处理后的数据（位移、速度、加速度、环境因子、物理参量等）分解成若干个 imf，实现监测数据趋势项、周期项、随机项的提取。

（4）Elman 神经网络预测。对于每个 imf 分量，我们分别构建一个 Elman 神经网络预测模型。分别将预测结果与实际进行对比，并通过进行 RMSE 阈值判断分析不同分量的结果。

（5）数据融合。在融合层，我们将所有 Elman 神经网络的预测结果进行融合，使用加权平均方法对结果进行融合，以得到一个综合预测结果曲线；系统输出最终的融合预测结果。

基于 EMD-Elman 算法的多源数据融合预测流程，考虑多个数据源和预测模型，可以有效减少不同 imf 之间的相互影响。通过结合多种数据处理技术和神经网络模型，能够提供更为准确和可靠的岩土数据发展趋势预测，帮助他们更好地理解和预测滑坡等自然灾害的风险。同时，研究将相关成果进行整合，开发了边坡位移数据挖掘分析系统（SDDMA），并在第 6.4 节中进行了详细的介绍，该程序界面简洁，易于操作，对于地质工程领域的研究人员来说是一个非常实用且有价值的工具。具体的工程应用方法将在第 8 章中进行阐述。

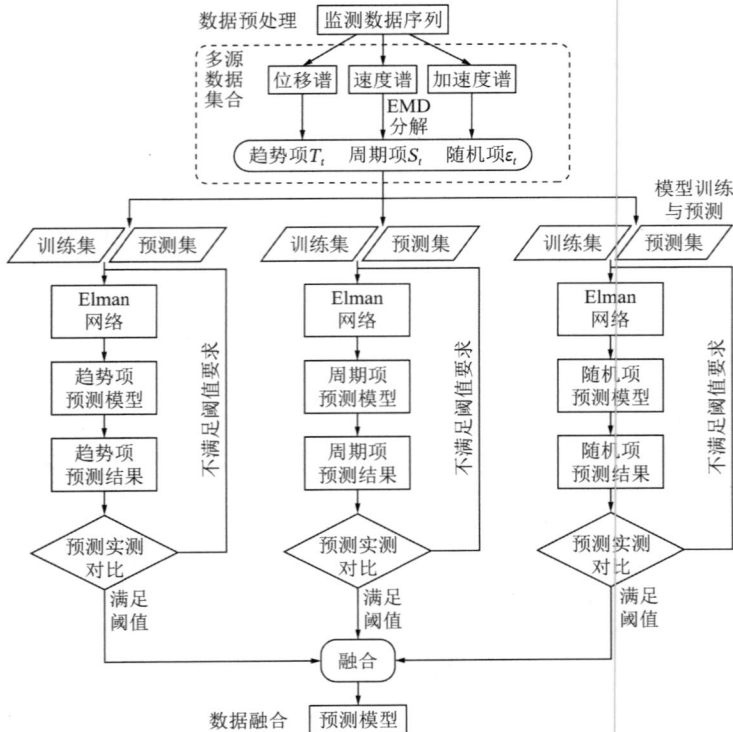

图 6.2-3　基于 EMD-Elman 算法的多源数据融合预测流程

6.3　多源数据时空维度转换

6.3.1　时空数据插值算法

时空数据插值算法是一种将时空数据点插值到规则网格或非规则网格上的方法，以便对未知位置的数值进行估计。这种算法广泛应用于气象、地质、水文、生态等领域中的时空数据处理，例如气象预报、环境监测、水文模拟等。

时空数据插值算法根据空间和时间的特征，可以分为以下几类。

（1）空间插值算法。根据空间数据点的特征，将其插值到规则或非规则的网格上。其中，规则网格插值算法包括三角函数插值法等；非规则网格插值算法包括三角剖分法、径向基函数插值法等。

（2）时间插值算法。将时间序列上的数据点插值到某个时间点上。其中，线性插值法、拉格朗日插值法、样条插值法等是常用的时间插值方法。

（3）时空插值算法。将时间和空间的特征结合起来进行插值。常见的时空数据插值算法包括：

①反距离权重插值法（IDW）。根据距离远近和权重因素，对未知位置进行估计。该算法假设未知位置的值与其周围点的距离成反比例关系，距离越近的点权重越大。

②克里金插值法。通过样本点间的空间相关性来估计未知位置的值。该算法通过计算样本点间的半方差函数来确定插值权重，根据插值权重对未知位置进行估计。

③样条插值法。基于样条函数进行插值。样条函数是由各样本点处的函数值和一些导数值所决定的一个光滑函数。根据样本点构建出样条函数，再对未知位置进行估计。

④基于神经网络的插值法。利用神经网络的非线性映射特性，学习样本点间的复杂关系，对未知位置进行估计。例如，基于多层感知机（MLP）和循环神经网络（RNN）的插值法。

时空插值算法的选择取决于数据类型、采样方式、空间和时间的特征等因素。在实际应用中，需要根据数据的特征进行合理地选择。

6.3.2　双调和样条插值

双调和样条插值（Biharmonic Spline Interpolation）是一种基于样条函数的插值方法，常用于对二维或三维离散数据点进行平滑插值。该方法在保持数据点间距离关系的同时，可以实现局部平滑和全局连续的插值效果。

双调和样条插值的基本思路是：首先对原始数据点进行二次插值，然后对插值函数进行调和处理，得到最终的双调和样条插值函数。下面分别介绍双调和样条插值的两个关键步骤。

（1）二次插值。对于二维离散数据点(x_i, y_i, z_i)，可以采用二次函数进行插值：

$$z = f(x, y) = a + bx + cy + dxy + ex^2 + fy^2 \tag{6.3-1}$$

（2）双调和处理。对于插值函数，其双调和形式为：

$$\Delta^2 f = \frac{\partial^4 f}{\partial x^2 \partial y^2} = 0 \tag{6.3-2}$$

其中，$\Delta^2 f$ 表示 $f(x, y)$ 的双调和函数。通过对插值函数 $f(x, y)$ 进行双调和处理，可以实现全局平滑和连续的插值效果。将插值函数代入上式，得到：

$$\frac{\partial^4 f}{\partial x^2 \partial y^2} = \frac{\partial^2}{\partial x^2}\left(\frac{\partial^2 f}{\partial y^2}\right) = \frac{\partial^2}{\partial y^2}\left(\frac{\partial^2 f}{\partial x^2}\right) \tag{6.3-3}$$

根据偏微分方程的边界条件，可以得到插值函数在边界上的约束条件，从而得到一个线性方程组。通过解方程组，可以求得插值函数在整个插值区域内的值，得到最终的双调和样条插值函数。

双调和样条插值方法在处理离散数据时具有很好的平滑效果，并且能够保持数据点间的距离关系。但由于需要解线性方程组，计算复杂度较高，对大规模数据的处理需要较高的计算资源。

6.3.3　多源数据升维—降维转换

多源数据维度转换在多源数据融合计算中扮演着至关重要的角色。在处理来自不同传感器、数据库、数据平台等多个数据源的信息时，维度转换有助于增强数据的可管理性，通过降低数据的维度，可以减少存储和计算资源的需求，同时简化数据管理过程；同时，维度转换可以去除冗余和无关特征，从而加快数据处理速度，提高分析模型的运行效率；增强模型的泛化能力，减少过拟合的风险，提高模型在未知数据上的预测能力。维度转换使得不同模态的数据能够在统一的空间中进行比较和融合，增强了数据的互操作性，支持了多模态数据的融合。总的来说，多源数据维度转换是实现有效多源数据融合的基础，它对于提高数据质量、增强分析能力和支持复杂决策制定具有不可或缺的作用。主要分为两个大的方向。

1. 低维度向高维度

在地理信息系统（GIS）和地质工程领域，实现数据从低维度向高维度转换的一般方法是应用数据插值算法。时空数据插值是一种技术，它可以从有限的样本点推断出整个空间的数据分布。首先，收集空间数据点，这些数据点包含了位置信息和相应的测量值，清洗数据，去除异常值，可根据实际需求对数据进行变换或标准化处理；根据数据的分布特性和应用需求选择合适的插值方法。常见的空间插值方法包括反距离权重（IDW）、克里金（Kriging）、样条插值（Splines），使用所选的插值方法建立数学模型；调整插值模型的参数，对于每个未知点，根据其与已知数据点的空间关系，通过插值模型计算其值，通过交叉验证或其他统计方法评估插值结果的准确性。

2. 高维度向低维度

在利用数据映射算法实现数据从高维度向低维度的转换时，首先，对数据进行标准化处理，确保每个特征维度对结果的影响是均等的。去除异常值和缺失数据，以提高算法的准确性。根据数据的特性和分析目标选择最适合的算法，如 PCA、t-SNE 等。对选定的算法进行参数调优，以达到最佳的降维效果。使用训练数据集训练降维模型。通过计算重构误差等方式进行评估降维结果的质量。对降维后的数据进行后处理，如进行聚类分析或分类，以进一步分析或利用数据。

6.4　程序研发

6.4.1　SDDMA 系统

边坡位移数据挖掘分析系统（Slope Displacement Data Mining and Analysis System，SDDMA）为中航勘察设计研究院有限公司自主研发的边坡测点位移分析系统，如图 6.4-1 所示。主要用于解决传统边坡监测作业中，监测数据结构单一、特征较少、判断预测困难的问题。该系统可以应用到包括蠕变型滑坡、突变型滑坡、周期型滑坡等各类滑坡位移数据的特征挖掘与分析预测之中，并通过可视化的界面更加直观高效地进行数据展示与交互，为工程专家进行边坡稳定性分析与判断提供必要的依据与参考。

SDDMA 系统的主要功能如下：

（1）EMD 数据分解。该程序通过引入 EMD 分解算法，可以将原始位移曲线分解为趋势项与周期项。同时，还可以将所有 imf 项进行集中展示，如图 6.4-2 所示。

（2）分析指标计算。运用第 6.2.1 节和第 6.2.2 节提到的分解数据指标对时程位移曲线进行数据深层信息挖掘，提取出数据序列的速率、速率增量、切线角等滑坡位移曲线分析指标，用于后期的预测分析，如图 6.4-3 所示。

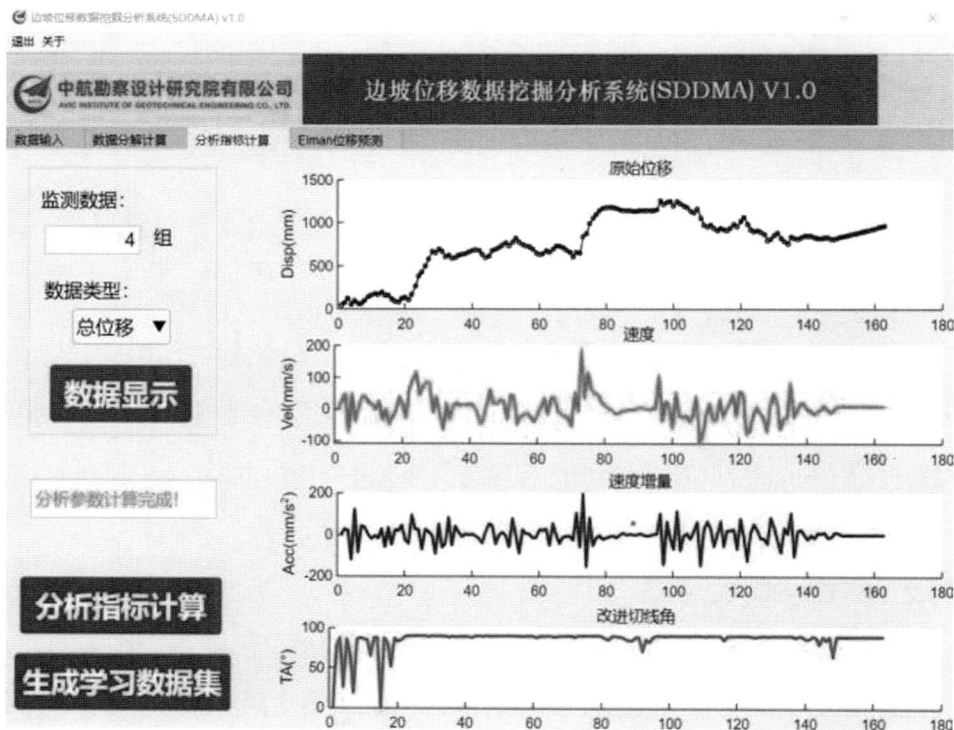

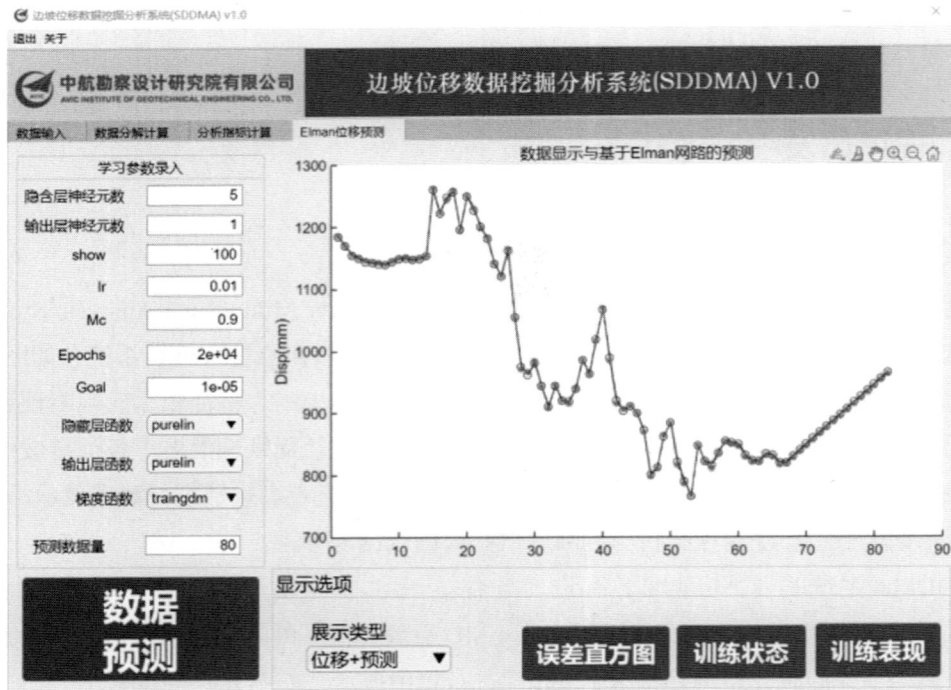

图 6.4-1　SDDMA 程序界面

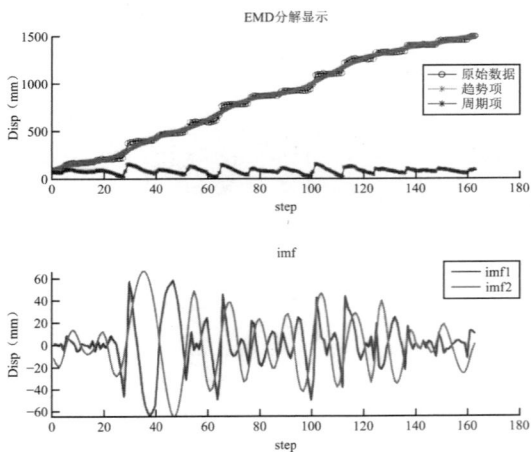

图 6.4-2　位移曲线 EMD 分解与 imf 项显示

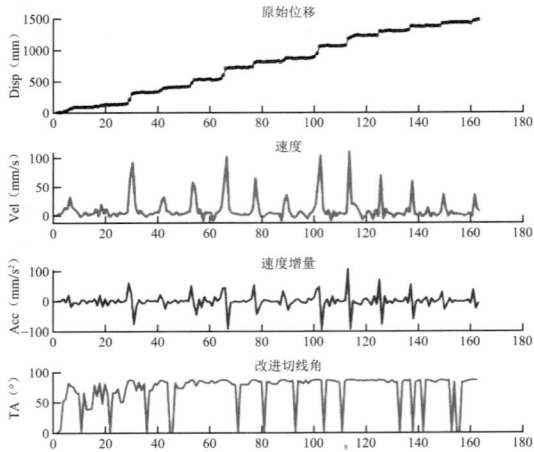

图 6.4-3　位移数据显示与分解分析指标

本程序采用 Elman 网络进行模型的构建与训练，并应用第 6.2.4 节中提到的多源数据融合方法进行数据预测与分析，如图 6.4-4 所示。

6.4.2　STED-2D/3D 系统

数据三维时空演化规律分析系统（Spatio-Temporal Evolution System for 2D/3D Data，简称 STED-2D/3D V1.0）为中航勘察设计研究院有限公司自主研发的三维时变数据分析系统，如图 6.4-5 所示。主要用于解决传统监测作业中，二维监测数据可视性差、结果展示不直观、数据间时空演化规律不明确等问题，可以应用到包括边坡、基坑等一系列工程的位移、水位、安全系数等数据的时空演变分析之中，通过可视化的方法更加直观高效地进行数据展示与交互。

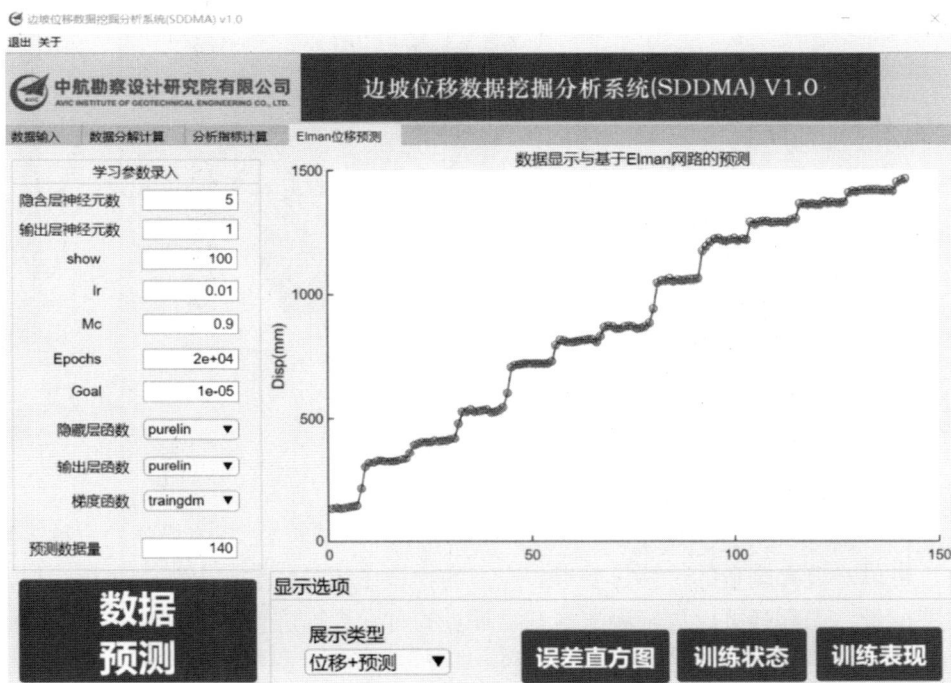

图 6.4-4　Elman 数据预测模块示意图

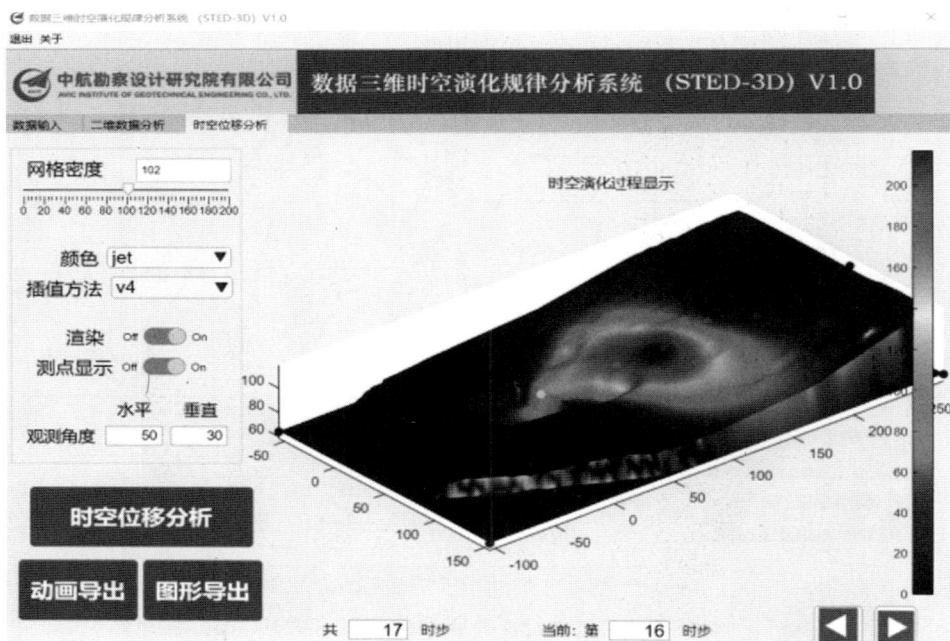

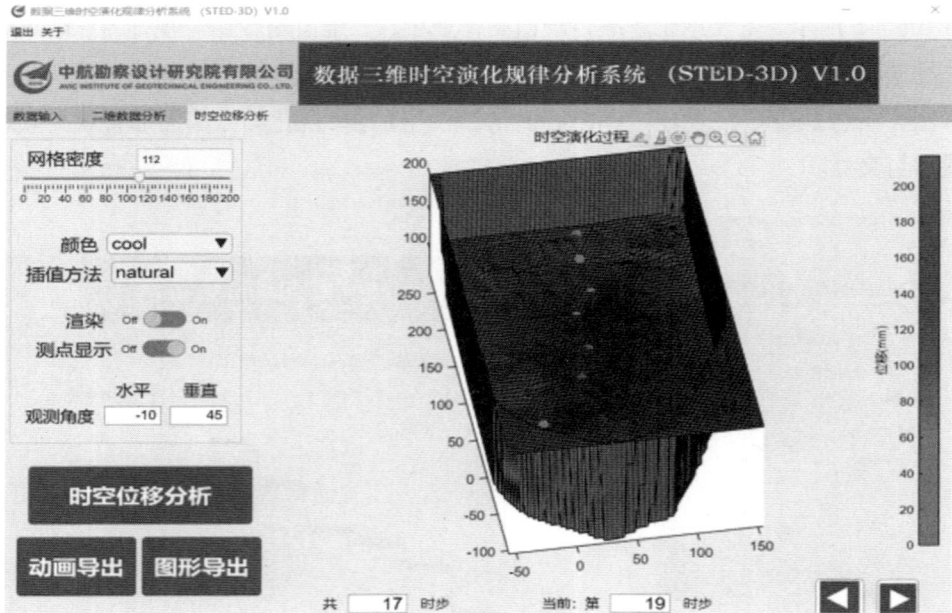

图 6.4-5　STED-3D 图形主界面

以下介绍该系统的主要功能：

（1）位移曲线数据多参数分析。如图 6.4-6 所示，用第 6.2.2 节中提到的位移多频谱分析方法，可以对直接测量的位移、变形、应力的物理参数进行数据分解与分析。根据相应的参数特征量，工程师可以更好地根据各物理量的时变规律进行分析判断。

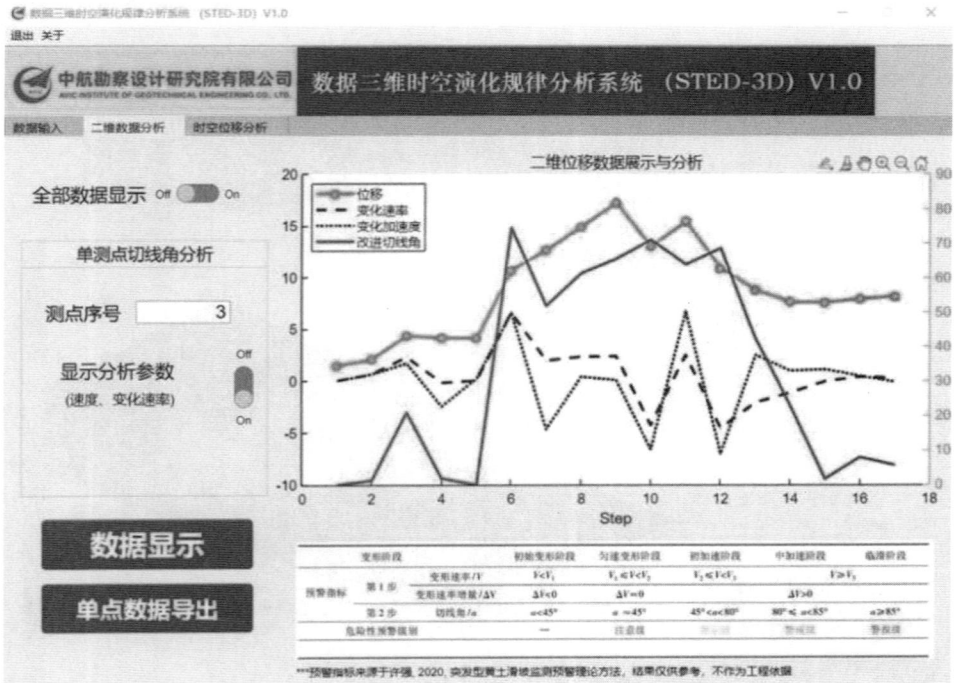

图 6.4-6　STED-3D 时程曲线数据分析模块

（2）三维时空数据分析。本模块中应用空间数据插值算法实现基于已知点的值进行未知区域的数据估计。在地质工程中基于不同的数据分布情况可以使用不同的插值算法以保证插值的精度。本研究使用双调和样条插值函数实现了二维数据的空间显示，通过载入不同的空间插值函数，可以根据物理量参数的时变特性进行数据分析，并反映其时空数据演化规律，本程序中主要引入了 BSIv4、Cubic、Natural、Nearest 四种插值模式，来显示不同情况下的数据分布情况，如图 6.4-7 所示。

① 双调和样条插值（BSIv4）：是一种分段插值方法，用于估计未知点的值，适用于需要高度光滑的曲面拟合，如 NURB 样条曲面（非均匀有理 B 样条），适用于地形建模、数据评估等领域，其在第 6.3.2 节中有详细介绍。

② 立方插值（Cubic）：立方插值通过构建三次多项式函数来估计点之间的值。适用于数据点较少且需要平滑过渡的情况。

③ 自然立方插值（Natural）：自然立方插值通过构建一系列三次样条函数，这些函数在插值节点上二阶导数为零。适用于需要平滑曲面且边界条件未知的情况。

④ 最邻近插值（Nearest）：这是最简单的插值方法，它将未知点的值设定为最近已知点的值。适用于当数据变化不连续、采样点非常密集时，经常用于数据分组分析。

每种方法都有其优势和局限性，选择哪种方法取决于数据的特性、所需的精度和应用场景。在地质工程中，正确选择插值方法对于确保模型的准确性和可靠性至关重要，需要根据实际的使用场景进行选择。

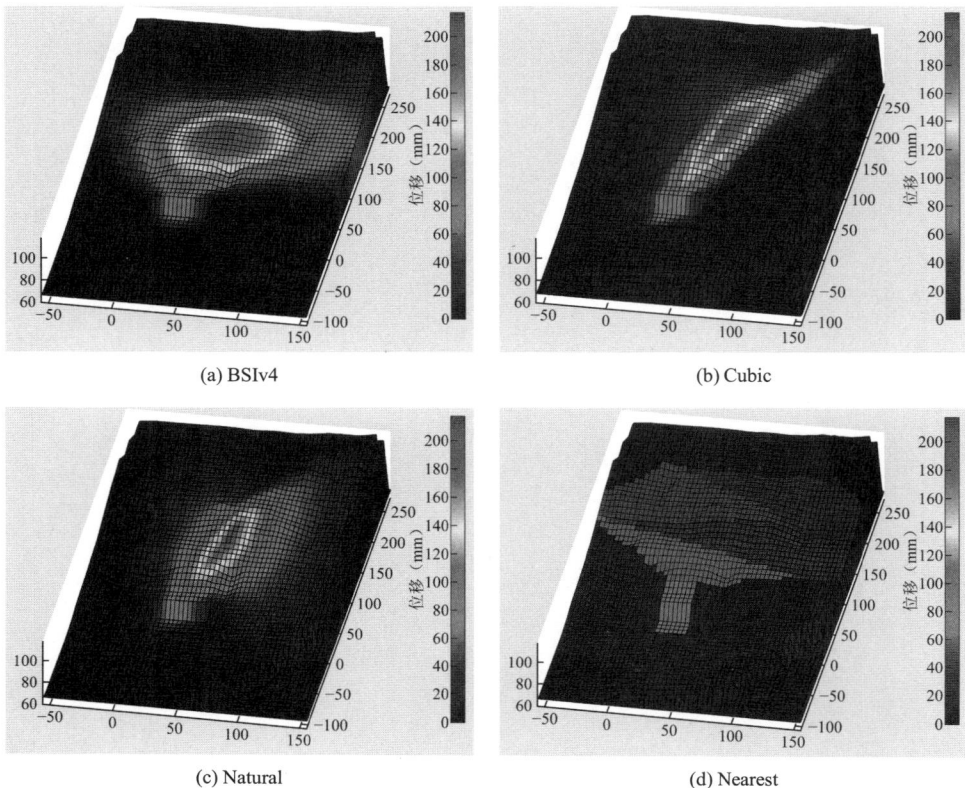

(a) BSIv4 (b) Cubic

(c) Natural (d) Nearest

图 6.4-7　STED-3D 各种插值方法结果展示

6.5 本章小结

本章介绍了本研究中针对多源监测数据智能预测与数据维度转换提出的解决方案。首先，本研究引入了 EMD 时程位移分解算法，来用于非线性和非平稳信号的特征分解与挖掘。其次，探讨了 Elman 神经网络智能预测算法，该算法结合了前馈和循环神经网络特性，可以高效地处理包含多维度因子的时间序列数据；之后结合多源数据融合思路，设计了基于 EMD-Elman 的融合预测方案。针对多源数据异构问题，讨论了数据维度变换方法，引入了包括双调和样条插值方法在内的多种空间数据插值算法与映射算法，用以实现监测数据、预测结果的维度转化，方便进行时空变化规律展示。最后，针对上述研究算法，开发了 SDDMA 和 STED-3D 系统，方便工程应用。

第7章

工程智慧平台设计

7.1 引言

7.1.1 背景

2023 年中共中央、国务院印发《数字中国建设整体布局规划》(以下简称《规划》)。《规划》明确指出,数字中国建设按照"2522"的整体框架进行布局,即夯实数字基础设施和数据资源体系"两大基础",推进数字技术与经济、政治、文化、社会、生态文明建设"五位一体"深度融合,强化数字技术创新体系和数字安全屏障"两大能力",优化数字化发展国内国际"两个环境"。《规划》强调,要坚持以习近平新时代中国特色社会主义思想特别是习近平总书记关于网络强国的重要思想为指导,深入贯彻党的二十大精神,坚持稳中求进的工作总基调,完整、准确、全面贯彻新发展理念,加快构建新发展格局,着力推动高质量发展,统筹发展和安全,强化系统观念和底线思维,加强整体布局,按照夯实基础、赋能全局、强化能力、优化环境的战略路径,全面提升数字中国建设的整体性、系统性、协同性,促进数字经济和实体经济深度融合,以数字化驱动生产生活和治理方式变革,为以中国式现代化全面推进中华民族伟大复兴注入强大动力。

随着我国数字化转型的推进与以物联网、大数据和人工智能为代表的信息技术的发展,使智慧工程的建设的脚步逐步加快。中航勘察设计研究院有限公司为我国最早成立的大型甲级综合性勘察设计单位之一,全国勘察设计行业百强单位,业务领域覆盖国防工业和航空工业大型基地、厂房、民用住宅小区、商业办公楼、高速公路、市政道路、铁路、桥梁、隧洞、码头、机场等项目的工程地质勘察、测绘、水文地质勘察、地基基础施工、工程降水、地基处理、深基坑支护、工程监理、建筑设计、地质灾害评估治理等各个方面。公司结合自身实际发展需求,紧随数字中国建设步伐,全面推进企业数字化转型。为了实现公司管理项目的全过程咨询、全过程数字化、全自动化管理等目标任务,积极开展中航勘察工程智慧平台的建设工作。

7.1.2 总体目标与规划

中航勘察工程智慧平台立足于解决目前存在的核心数据易外泄、核心算法与核心技术缺失，利润率低等问题，以三维实景空间模型为数字底座，实现平台全过程数字化、信息化和可视化。平台整体建设思路如图 7.1-1 所示。平台结合不同业主或不同生产单位的具体需求情况，充分应用先进测绘技术与物联网感知技术，实现多种应用场景的全过程监控、评估与灾害预报，提供高效的数据查询和管理功能。通过大数据、人工智能等先进数据分析处理技术，以满足项目风险预知和联动预控为目标，实现全空间全场景一体化展示、数据智能感知与智能分析、实时预警预报等一系列功能，有效提升工程项目风险感知、风险管控能力，全面实现岩土工程全过程数字化评估与决策。

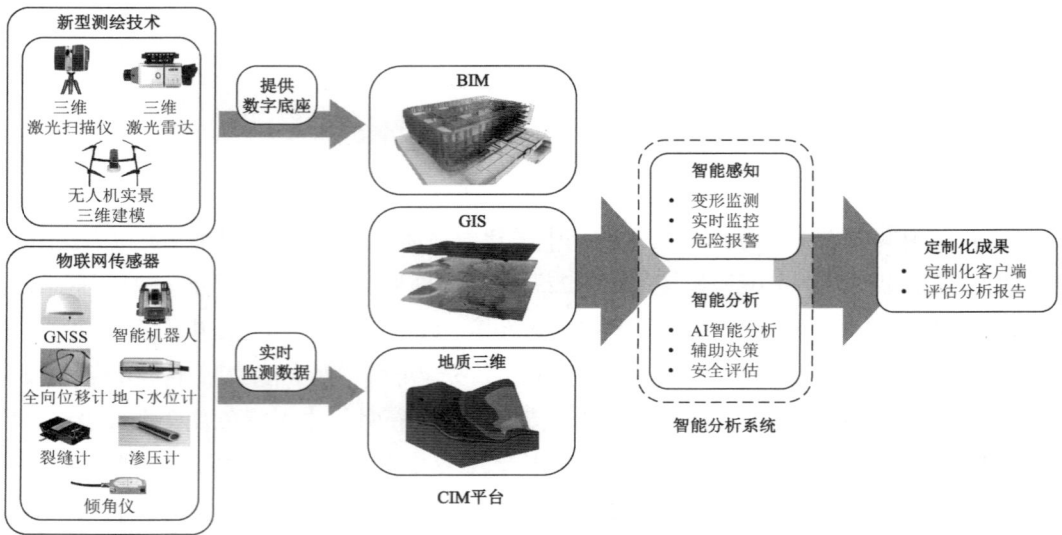

图 7.1-1　中航勘察工程智慧平台整体建设思路

7.2　技术体系

7.2.1　数据规范

根据中航勘察设计研究院有限公司已有和在建的工程项目建设情况，围绕实际项目数据接入的需求，从专业领域、数据格式等方面进行数据需求的整理。

（1）数据分类。从专业分类上看，中航勘察工程智慧平台数据可分为基础地理底图和监测业务数据。基础地理底图是指基础的地理空间框架数据，包括地形地貌、行政区划、居民地、交通、河流湖泊、数字高程模型、卫星遥感影像等；监测业务数据主要包括监测数据（位移沉降）、钻孔数据、水位水质等地下水数据以及大气污染、降雨等气象数据。

（2）数据存储格式。平台数据接收与设备管理数据可分为空间数据和非空间数据。空间数据包括矢量数据（包括 ArcGIS 格式和 MapGIS 格式两大类）、栅格数据（包括遥感影像 GeoTiff、ArcGIS 栅格格式等）；非空间数据主要是以表格或数据库的形式存在，有 CSV 数据、MySql 数据库数据（包括钻孔数据、设备监测数据、设备管理数据、报警数据等）。

（3）数据规范制定

统一规范的标准化数据是数据库建设的基础。通过制定统一的监测数据规范，实现数据的标准化入库。数据标准设计应符合基本要求和标准，数据格式、编码、交换标准、数据质量等应符合现行国家标准和行业规范。数据分层、分类与编码、精度、符号等标准应参照已有的标准，制定的资料信息汇交制度和有关管理办法要科学合理，具有可操作性。

①统一的地理坐标系统。在系统中应统一地理坐标系统。统一的地理坐标系统是各类地理信息收集、存储、检索、相互配准及进行地理分析的基础，是保障数据共享的前提。

②统一的分类编码。对监测类型及其每种类型所对应的各种监测值进行编码，建立统一识别的标识。这些标识应符合国家关于地质灾害监测的规范，同时要尽可能满足仪器监测厂商监测数据入库的需要，通过统一监测数据接口协议，方便仪器厂商按照统一标准进行入库。基于上述规则，监测数据一般都由一个 18 位的编码来建立检索关系，包括 12 位地质灾害隐患点编号，4 位监测点编号及 2 位数据类型编号，依据此编码体系建立监测点、监测设备、监测数据等多维信息的连接关系，实现多源异构的监测数据集成，方便监测预警模型的分析与计算。

7.2.2　数据库建设

数据库建设的总体目标是面向专业监测预警业务应用需求，在已有数据库建设标准的基础上，构建统一的专业监测数据存储、管理、应用和服务的综合数据库，并兼容基础地理信息、灾害调查信息、业务应用信息等多源、多尺度的海量数据，实现各类监测数据的一体化存储、管理和服务；定制开发各专业传感器设备厂商的数据接口并整理为规范统一的数据格式；开展专业监测点基础信息和动态监测数据入库工作；构建数据动态更新管理机制，为平台业务应用系统、专业软件工具、信息系统提供统一的数据服务。通过建设本项目数据库，形成立足应用、层次分明、持续运行的基础数据库体系，实现工程数据的分级分类管理，促进数据共享、数据动态更新、成果共享应用，为工程全过程数字化、自动化管理奠定基础。

平台通过对地图数据、影像数据、地形数据以及基础数据、原始数据及成果数据表等数据进行收集、预处理、整理、入库，构建数据库，同时提供统一的数据访问接口，构建区域共享的一体化工程智慧平台数据库体系。具体流程如下：

（1）数据接收。实时接收进入数据库的原始数据，经过检错、纠错后形成顺序存取的原始数据文件，或将接收到的数据写入原始数据库。

（2）数据处理。由系统从原始数据文件或原始数据库以及测站的储存记录模块中读取原始数据并对其进行分解、换码、分类和合理性检查等一系列处理后再写入数据库。

（3）数据入库。按照统一的数据标准，构建包含空间数据库与业务数据库的综合数据库。对地图数据、影像数据、地形数据以及基础数据、原始数据及成果数据表等进行统一的储存和管理，并为用户建立起具有对数据库进行初始化、数据备份和恢复等功能的数据库管理维护应用软件，保证数据库安全和数据的一致性。

数据库建设内容主要包括业务数据库和空间数据库，以实现工程相关信息的有机集成、科学管理和有序共享。共完成监测、预警、安全防护、公共管理等四大类，共计 84 张实体表的设计和建设。如图 7.2-1 所示。

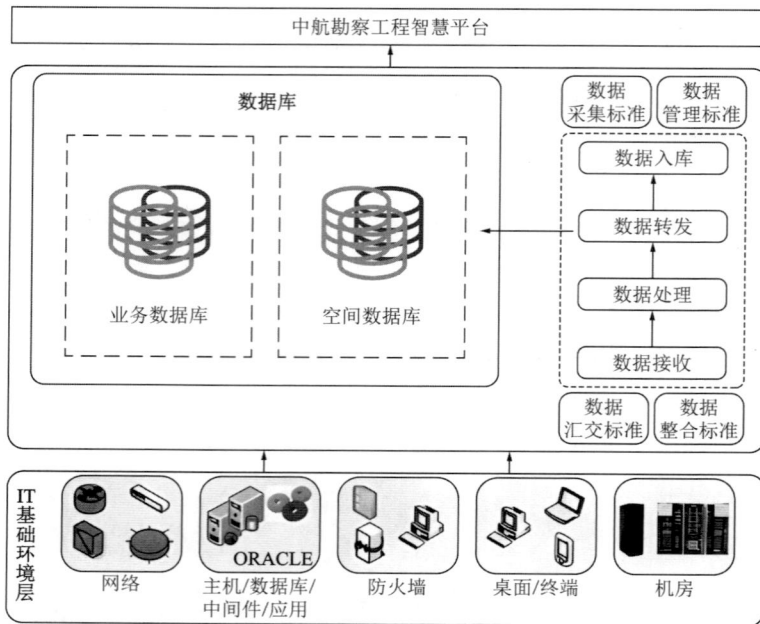

图 7.2-1　平台数据库总体设计

7.2.3　数据库结构

1. 业务数据库

通过收集项目原始数据，基于原始数据和业务进行梳理和整理，形成项目的业务数据库，支撑应用服务系统各个业务模块运行的业务数据，服务于各个业务模块的功能实现，包括工程监测数据、用户与权限管理数据、系统日志数据、管理支撑数据等。采用基于服务的监测数据集成方法，将来源于不同监测点、监测设备、监测方法的多源监测数据集成到根据不同监测内容建立的专业监测数据库中，在系统平台中实现监测数据的查询、分析和管理。

工程监测数据库主要由位移监测数据、地下水位监测数据、土体压力监测数据、降雨量监测数据、裂缝监测数据、水位监测数据、视频监测数据、监测设备数据等监测信息组成，各类监测数据包括不限于以下信息：

（1）位移（表面位移、深部位移）监测数据，主要包括传感器编号、轴位移电压、轴位移量、温度、电压、监测时间等；（2）地下水位监测数据，主要包括传感器编号、地下水位变化、监测时间等；（3）土体压力监测数据，主要包括传感器编号、土体压力变化、监测时间等；（4）降雨量监测数据，主要包括传感器编号、降雨时间、降雨量、监测时间等；（5）裂缝监测数据，主要包括传感器编号、裂缝变化、裂缝变化持续时间、监测时间等；（6）泥（水）位监测数据，主要包括传感器编号、泥位变化、水位变化、变化持续时间、监测时间；（7）视频监测数据，主要包括传感器编号、多媒体数据、监测时长、持续时间；（8）监测设备数据，包括监测仪器布设位置、统一编码、仪器名称、仪器种类、仪器型号、主要用途、外形尺寸等。

2. 空间数据库

空间数据库主要包含各类空间位置信息的地理数据，即基础地理数据、基础地质图件、调查评价成果图件、系统分析成果图等，包含地图数据、影像数据、地形数据、属性数据等一系列数据。空间数据库采用关系数据库来组织管理空间地理数据和属性数据，提供对这些数据的有效存储、查询和分析，以支持各种空间地理数据的应用。空间数据库引擎可以用传统的关系数据库对空间地理数据加以管理和处理，提供必要的空间关系运算和空间分析功能。

7.2.4　面向服务的架构（SOA）

中航勘察工程智慧平台系统建设采用面向服务的架构（SOA）（图 7.2-2），SOA 是一种面向服务的架构方式，作为应用程序中的不同功能单元，它将服务通过良好的接口和契约进行联系。其中接口采用中立方式定义，使得服务实现与平台、操作系统、编程语言无关，能够使用统一的标准方式进行服务调用。

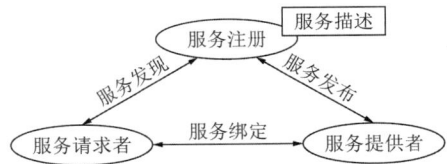

图 7.2-2　中航勘察工程智慧平台
SOA 服务架构图

SOA 并不是一种现成的技术，而是一种架构和组织 IT 基础结构及业务功能的方法。SOA 是一种在计算环境中设计、开发、部署和管理离散逻辑单元（服务）的模型。服务只关注功能层面的接口，通过简单的接口进行通信，不涉及底层的平台、操作系统、编程接口和通信模型。因此，基于 SOA 架构的系统可以实现跨平台、跨网络、跨语言的服务调用，并具备服务聚合能力以集成异构平台服务。

7.2.5　基于物联网技术的应用架构

中航勘察工程智慧平台采用物联网技术支持系统的运行。物联网是新一代信息技术的重要组成部分，是一个动态的全球网络基础设施，它具有基于标准和互操作通信协议的自组织能力，其中物理和虚拟的"物"具有身份标识、物理属性、虚拟的特性和智能接口，并与信息网络无缝整合，具有普通对象设备化、自助终端互联化和普适服务智能化 3 个重要特征。

从技术架构上来看，监测物联网通常可分为三层，感知层、网络层和应用层。

（1）感知层由各种传感器以及传感器网关构成，包括位移传感器、应力传感器、温度传感器、GNSS 接收机、二维码标签、RFID 标签和读写器、摄像头等感知终端。感知层的作用相当于人的眼耳鼻喉和皮肤等神经末梢，它的主要功能是识别物体，采集信息与数据。

（2）网络层由私有局域网络、有线和无线通信网、网络管理系统和云计算平台等组成，相当于人的神经中枢，负责传递和处理感知层获取的信息，并将经过处理的数据下发到应用层。

（3）应用层是物联网和用户的接口，它与行业需求结合，实现物联网的智能应用。

结合物联网技术，中航勘察工程智慧平台在数字化平台之外，建立了一套完整的、从数据采集到预警信息发布的智慧化监测分析预警流程体系，如图 7.2-3 所示。由各类传感器采集数据后，通过移动网络或卫星网络进行数据传输，在中央服务器中进行数据清洗整合后，在平台数据库中进行存储。通过计算设备，实现数据的智能分析与评估，将监测结果与评估结果在平台上进行展示，并根据工程实际需要与现场情况，实时发布预警信息。

7.2.6　Web Service 技术

中航勘察工程智慧平台以网页的形式展现，可以针对不同用户提供不同的数据查询、数据录入、数据分析等服务。因而需要采用 Web Service 技术，使得应用程序能够被发布、定位，并通过 Web 实现动态调用。利用 Web 服务技术，可以很好地实现服务在 Web 层次的交互操作。该方案具有以下特点：

（1）良好的封装性。Web Service 是一种部署在 Web 上的对象，对于使用者而言，且仅能看到该对象实例提供的功能列表与数据，有利于针对不同需求的客户进行个性化定制。

（2）松散耦合。Web Service 实现的任何变更对调用者来说都是透明的，其实现平台（如.Net 或 J2EE）的变化对用户体验没有影响。

（3）使用标准协议规范。Web Service 所有公共的协约完全使用开放的标准协议进行描述、传输和交换。

（4）通用的数据格式。Web Service 使用 XML 来实现通信，任何支持同样的开放式标准的系统都能够调用。

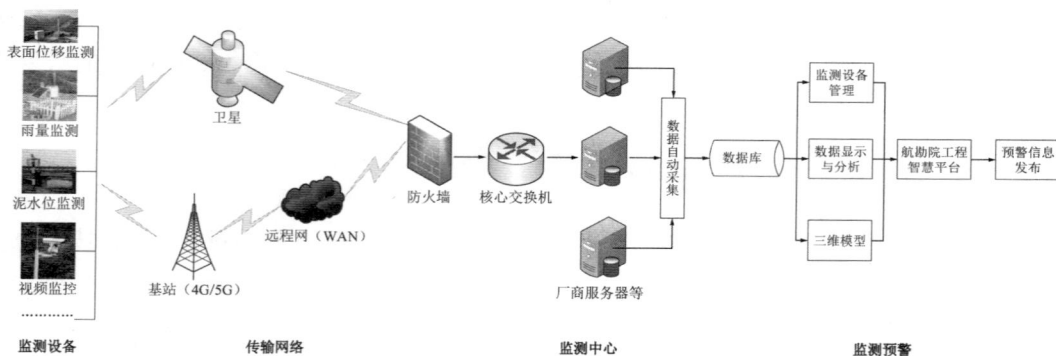

图 7.2-3　中航勘察工程智慧平台物联网技术架构图

7.3　主要功能模块

中航勘察工程智慧平台的主要功能模块如图 7.3-1 所示。

（1）数据管理模块。数据管理模块可以对工程监测的专业数据进行有效地收集、存储、处理，形成一个完整的监测数据体系。包括历史数据调取、预警记录、巡查记录和查询设置功能。

（2）报表管理模块。平台支持提供报表管理功能，提供各业务相关报表的自动生成服

100

务，方便业务人员进行相关业务的办理。根据用户实际需求情况，监测报表管理可以实现对日报、月报、年报的管理维护，包括查看、新增、删除等功能。

（3）系统管理模块。该模块主要是对系统的组织机构、角色、人员、系统功能和系统日志等信息进行统一管理，设置系统运行所必需的参数，包括用户信息管理、角色与权限管理和应用系统管理等功能。

（4）数据展示。在三维数字模型底图的基础上，实现监测业务数据以及相关的基础信息、空间信息的一体化管理与展示，为用户提供了一个集成化、一体化的数据可视化平台，实现不同业务数据、不同业务应用的集成，展示特定范围内的监测数据信息。在三维数字孪生模型上，可以直观地显示各站点的分布，并通过不同符号、颜色、闪烁等方式，显示数据评估结果与预警超警信息。

（5）安全评价与预警分析模块。根据采集到的数据，通过平台智慧专家系统进行数据解析与分析，对项目区域的安全性、稳定性的情况进行评估。并通过评估结果，发布预警信息，可选择预警时间、行政区划、灾害类型、预警等级、消息状态、监测点名称等关键字进行查询。点击预警消息的状态按钮，可弹出预警消息处置页面，对预警消息进行处置。

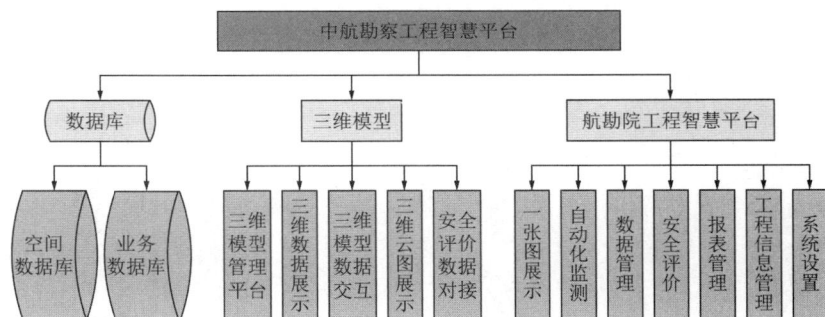

图 7.3-1　中航勘察工程智慧平台主要功能架构图

7.3.1　数据管理

（1）项目信息管理。系统支持对录入的项目信息进行统一管理，项目信息具体包括项目名称、项目所在地址、项目情况的描述等相关内容，同时具备添加、修改、删除等功能。如图 7.3-2 所示。

（2）结构信息管理。系统支持对结构信息的管理，具体包括所属项目、结构名称、结构信息、地理位置等相关信息，同时具备查询、添加、修改、删除、菜单选择等功能。

（3）测点信息管理。系统支持对测点信息进行统一管理，具体测点信息包括所属结构、测点编号、传感器、模块序列号、添加时间等内容，同时具备查询、添加、删除、查看、初始化等功能，如图 7.3-3 所示。

（4）数据报表管理。平台支持提供报表管理功能，可生成各种专业报表，方便业务人员进行相关业务办理。监测报表主要包括日报、月报、年报，管理维护包括查看、新增、删除等。根据平台中的数据统计，监测报表模板可以按照年、月、日统计各行政区划下的监测数据量、监测设备数量、设备名称、设备类型、设备状态、预警信息等信息，并根据各工程的实际要求设定相应的报表字段、报表格式、历史数据以及统计结果。如图 7.3-4 所示。

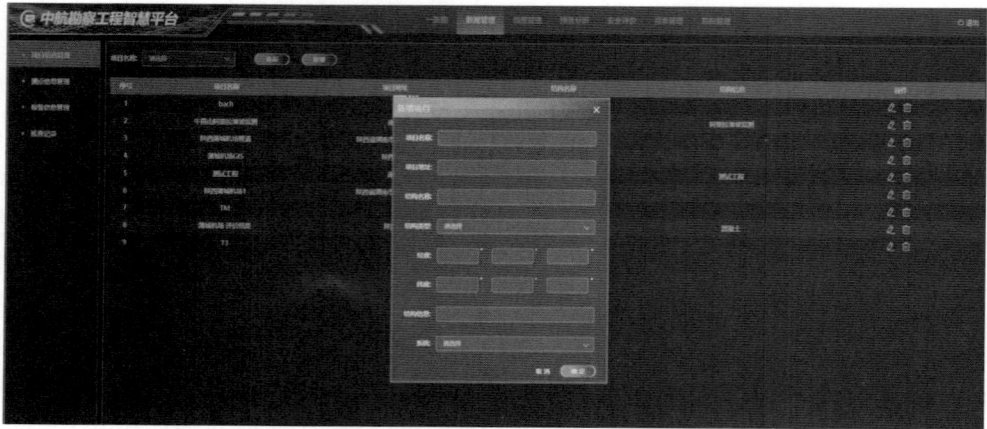

图 7.3-2　平台项目信息管理模块

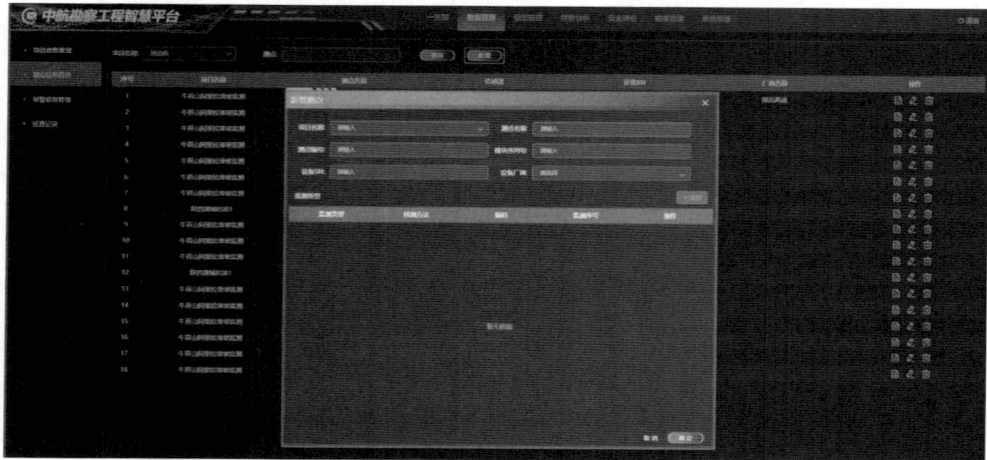

图 7.3-3　平台测点信息管理模块

图 7.3-4　平台数据报表管理模块

7.3.2　数据展示

1. 全空间"一张图"显示

平台可在 GIS 底图下对监测业务数据以及相关的基础信息、空间信息进行一体化管理，为用户提供一个集成化、一体化的数据展示平台。通过全空间一张图，展示特定范围内的监测站点与监测数据信息。同时，支持 GIS 地图放大缩小功能，可以借助 GIS 地理信息来了解工程周边的环境信息。如图 7.3-5 所示。

图 7.3-5　平台全空间一张图显示

2. 三维数字孪生模型与数据交互

通过对数字三维模型进行管理、渲染和开发，搭建数字孪生三维模型管理平台，并作为数字底图加载到中航勘察工程智慧平台中，实现三维空间的模型展示和数据交互，并且以智能分析数据对接的方式将监测数据、智能专家评价结果叠加在三维数字孪生模型上进行相关计算结果的可视化展示。以工程三维地理信息图形和三维实景模型为载体，集成工程的基本属性、水文地质、地质剖面等设计成果数据，建设覆盖工程区域全空间的工程管理三维数字孪生系统。用户可以在交互式的三维工作环境中全方位地观察工程环境，查询其关注的工程资料信息。

三维模型管理平台支持对模型的存储管理和发布，可实现对三维模型的上传、删除、列表展示、三维展示等操作；可对添加的模型实现数据控制，包括类型号、高程、比例大小、位置等数据信息。

同时，支持实现三维数字孪生模型与测点间的实时交互。通过对齐坐标的方式，可以在三维空间内放置相应的监测点，并实时查询不同点位、不同时刻的历史监测数据。三维数据与测点的交互功能,有助于工程人员对于监测结果有更加直观的认知。如图 7.3-6 所示。

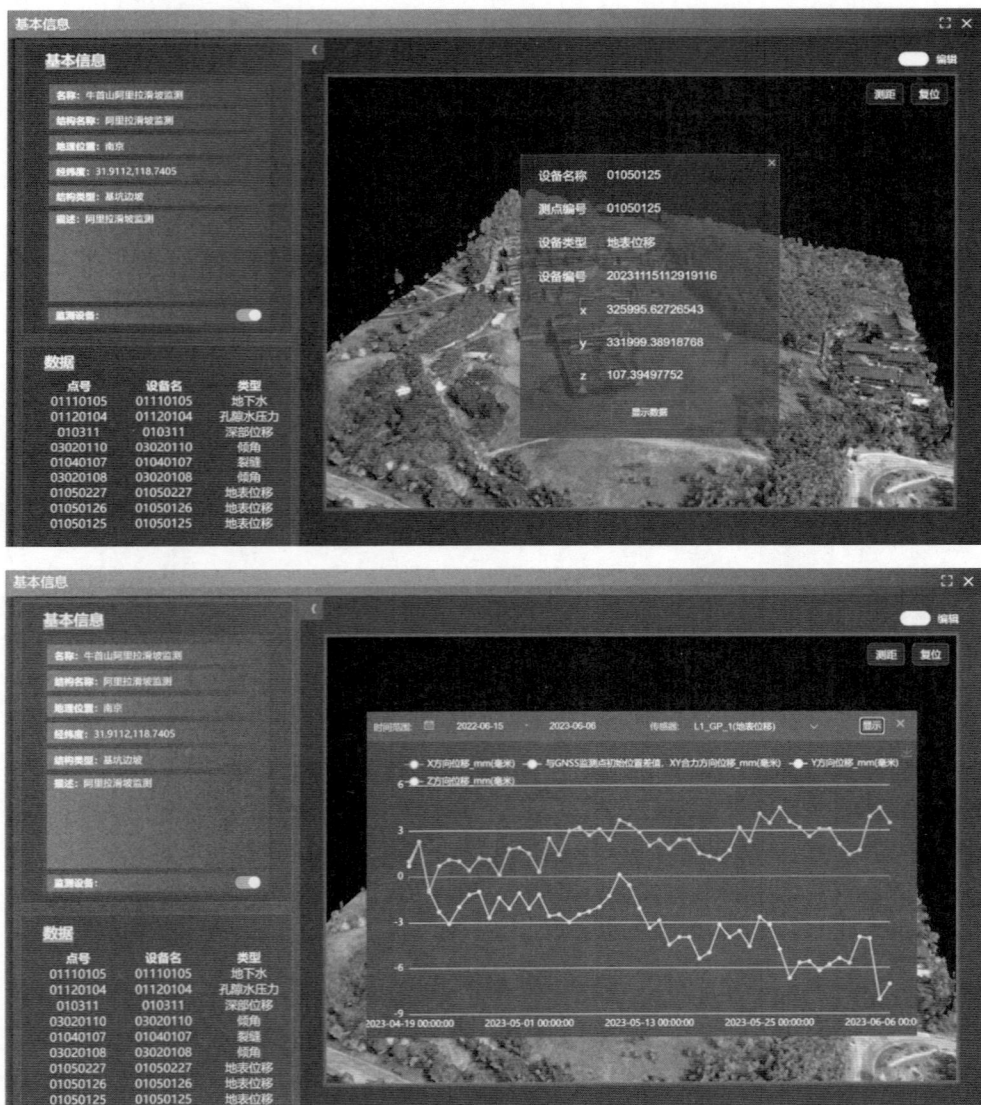

图 7.3-6 平台三维模型与测点数据交互

7.3.3　数据分析

（1）预警分析模块。预警分析模块包含判据管理与预警模型模块。判据管理模块设置了常见监测类型的预警判据，包括倾角判据、裂缝判据、雨量判据、含水率判据、加速度判据、GNSS 判据、切线角判据以及变形速率判据等。支持用户根据需要进行判据新增。预警模型模块预置了七种常见的地质灾害类型的预警模型，分别是崩塌、滑坡、泥石流、地面塌陷、地面沉降、地裂缝、不稳定斜坡，用户还可根据需要对预设模型进行修改与新增，以适应工程需求变化。预警结果可以在"一张图"上进行实时展示，确保管理人员及时发现问题并进行跟踪。如图 7.3-7 所示。

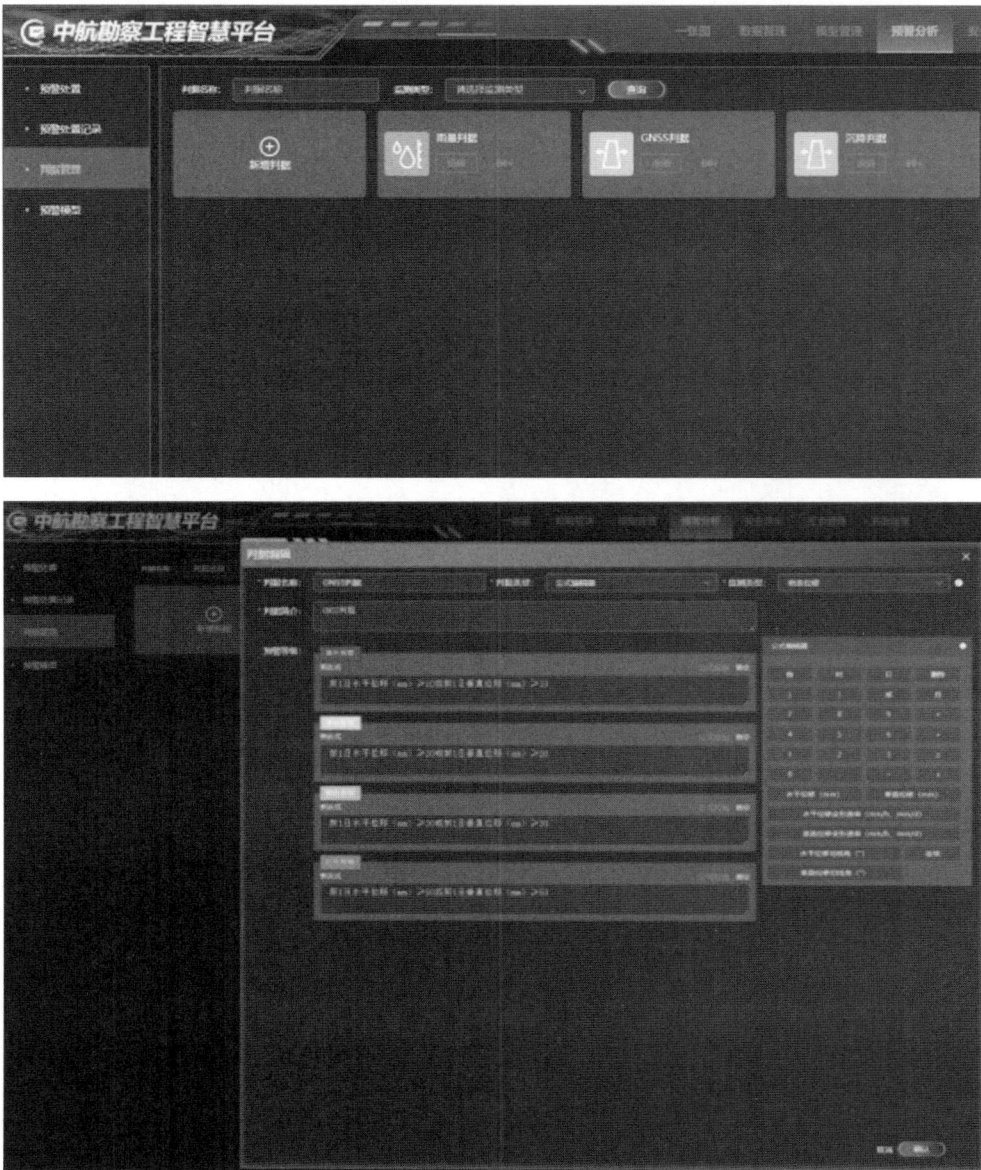

图 7.3-7　平台预警模型与判据管理模块

（2）智慧决策模块。智慧决策模块通过接收的平台的监测数据，输入到智慧专家系统中进行数据处理与计算。借助智能分析算法，实现被测项目的安全评估。智慧专家系统可以从多源监测数据中提取数据间的相关性与显著性，利用综合评估的方法判断出各个位置的危险性与易损性系数，从而使用户可以直观地发现项目风险较大位置，并通过神经网络，预判相关监测数据的未来发展趋势，辅助实际决策。如图 7.3-8 所示，平台相关算法已经在第 4 章到第 6 章中进行详细的阐述，具体的相关工程实践将在第 8 章中进行展示。

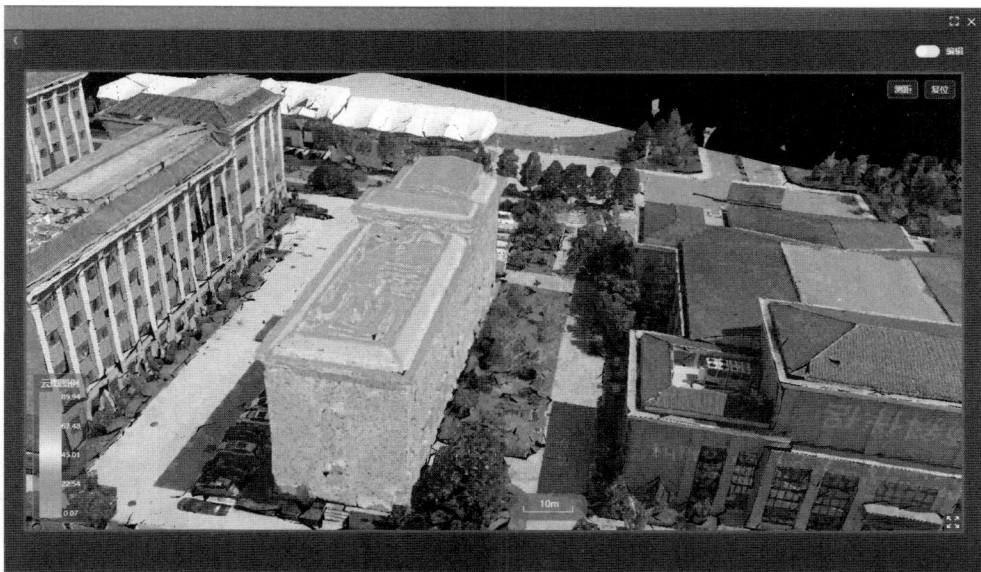

图 7.3-8 平台基于多源数据分析的评价结果展示

7.4 应用场景

中航勘察工程智慧平台，从建立之初就立足于基于各类工程的全过程咨询服务，其在数字孪生底座的基础上，引入全自动监测技术与智能数据分析评估技术，具有广泛的应用场景。如图 7.4-1 所示。

（1）平台可以为机场、高速公路等场道工程提供全生命周期的咨询服务，包括规划设计、施工监理、运营维护等。平台可实现场道工程的三维建模、智能优化等功能，同时可以根据测量结果对场道沉降、平整度等一系列数据进行挖掘，提高工程质量和效率，降低运维成本。

（2）平台可以为滑坡、泥石流、地裂缝等地质灾害的防治工程提供专业的咨询服务，包括灾害评估、勘察设计、施工监测、风险预警等。平台利用全自动监测技术，实时采集被测区域的位移、应力、温度、水位、雨量等数据，结合智能数据分析评估技术，实现目标区域的动态监控和智能管理。

（3）平台可以为城市地下管线的建设和维护提供全方位的咨询服务，包括管线勘察、检测、评估等。平台利用数字孪生技术建立地下管线三维模型，实现管线的可视化、定位、识别等功能，对管道中的流量数据进行智能监测与分析，提高管线的安全性和可靠性。

（4）平台可以为城市建筑基坑的开挖和支护提供专业的咨询服务，包括基坑设计、监测、评估等。平台利用全自动监测技术，实时采集基坑的水平位移、竖向沉降、锚杆支撑力、支护结构内力等数据，结合智能数据分析评估算法，实现基坑的稳定性评估和安全预警。

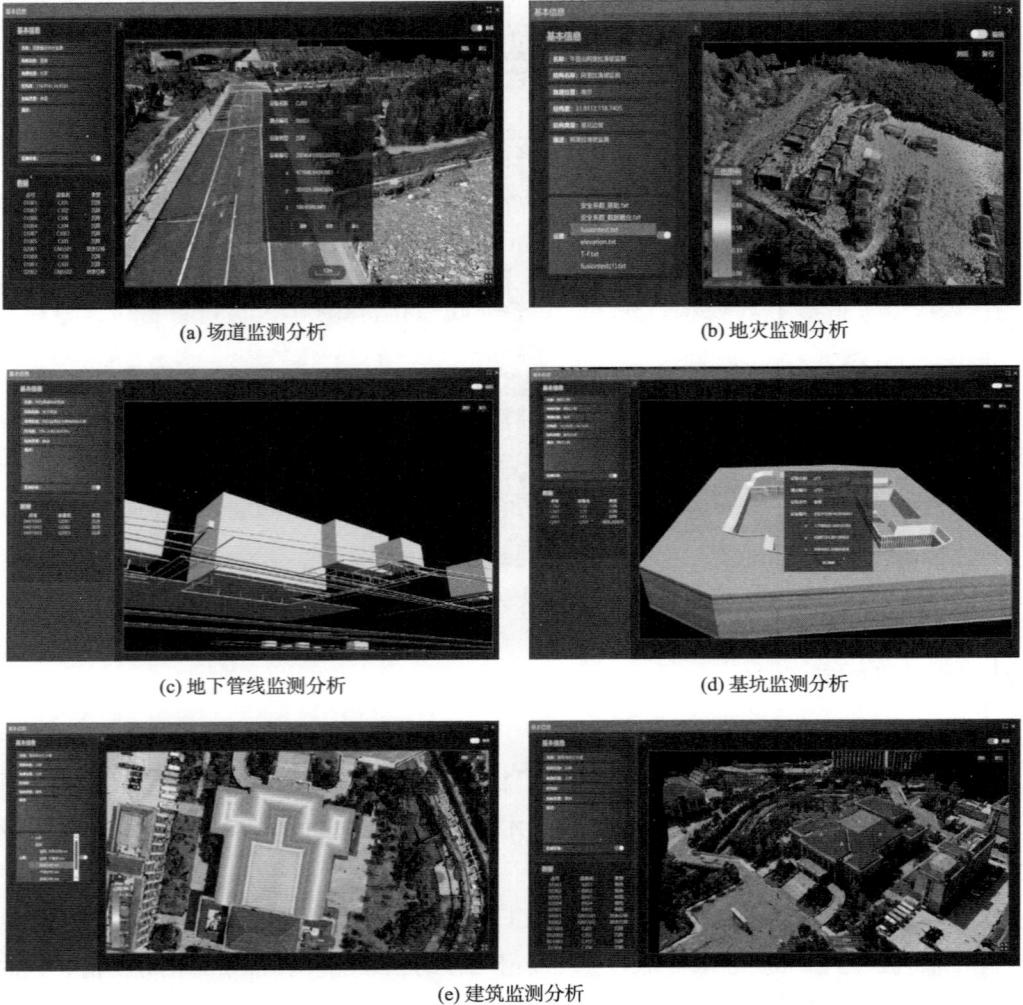

(a) 场道监测分析

(b) 地灾监测分析

(c) 地下管线监测分析

(d) 基坑监测分析

(e) 建筑监测分析

图 7.4-1 中航勘察工程智慧平台各类应用场景

7.5 本章小结

本章介绍了中航勘察工程智慧平台的架构设计与应用情况，包括平台的背景、目标、规划、技术体系、功能模块和应用场景。首先，本章介绍了平台的建设概况，包括平台的建设背景，以及平台的总体目标和规划。之后，描述了平台的技术体系，包括数据规范、数据库建设、面向服务的架构（SOA）、基于物联网技术的应用架构和 Web Service 技术，系统介绍了各项技术内容的特点和优势。同时，也详细介绍了平台的主要功能模块，包括数据管理、数据展示和数据分析，介绍并展示了各个模块的功能和操作界面。最后，列举了平台的应用场景，包括场道工程、地灾工程、地下管线工程、基坑监测工程、建筑工程等，展示出平台在各类工程场景中广泛的适用性。

第 8 章

工程案例

8.1 工程简介

工程实例选取南京市牛首山阿里拉酒店边坡（以下简称牛首山边坡）全自动监测项目，其平面航摄与研究区域如图 8.1-1 所示。该滑坡体宽约 105m，长约 270m，滑体厚度 6～26m，滑坡体面积约 22800m²，滑坡体体积约 40 万 m³。滑坡区域内有部分在建建筑物，目前滑坡处于稳定状态。滑坡原始地貌后缘呈圈椅状，可见早期滑坡堆积形成的平台。依据勘察资料，上部滑坡主要发生在碎石土与强风化凝灰岩界面，具有弱固结特征，可能为古滑坡。2015 年之后由于建筑物基础建设造成的大量开挖，滑坡后缘随即出现了多个台坎，垂直位移 30～200cm，给施工建设带来了严重威胁。

整个边坡区域内的岩土层根据其沉积时代、成因、状态及其特征，自上而下划分为 4 个工程地质层，8 个亚层，依次为杂填土、含碎石粉质黏土、全风化凝灰岩、强风化凝灰岩、中风化凝灰岩、强风化安山质凝灰岩、中风化安山质凝灰岩、安山质凝灰岩，如图 8.1-2 所示。

图 8.1-1 牛首山边坡航摄图

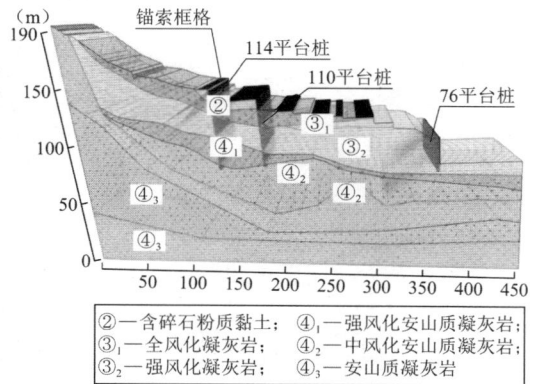

②—含碎石粉质黏土；　④₁—强风化安山质凝灰岩；
③₁—全风化凝灰岩；　④₂—中风化安山质凝灰岩；
③₂—强风化凝灰岩；　④₃—安山质凝灰岩

图 8.1-2 牛首山边坡地质剖面模型

该边坡由于复杂的水文地质条件，经历了长时间反复治理。2015 年入夏后，受强降雨及施工的影响，该区域就出现了滑坡迹象。2015 年 6 月中旬，滑坡后缘已经出现圈椅状拉张裂缝，并形成数个台坎。2015 年 8 月，编制了相应的滑坡治理措施设计方案，采用了三排锚拉抗滑桩的加固方式，其中第一、二排抗滑桩主要考虑边坡整体加固，第三排抗滑桩兼作基坑开挖围护结构；114 平台以上坡面西北侧局部滑坡区域采用预应力框架锚索的加固方式。2015 年 12 月底加固治理工程施工基本完成，但滑坡体经过前期应急处理后变形仍未稳定。工程实践的结果说明，传统的针对单一测量点位的监测位移分析的方法，数据量少且关联性差，很难准确地对该区域的滑体运动的时空变化规律有清晰的认识，很难解析出边坡滑移的真正模式，导致工程反复论证加固。

为了解决上述问题，引入了数字化全自动监测分析系统，对滑坡进行全方位、全空间监测，并引入了基于多源数据的岩土体易损性评估，实现了工程区域内多种数据的融合分析与信息挖掘，结合中航勘察工程智慧平台，可以更加直观地向相关人员展示相应分析结果和工程情况。

8.2 数字底座建模与优化

数据采集的区域以南京牛首山阿里拉酒店为中心，共飞行两架次，有效飞行时长约为 3h，共采集高清航空摄影图片 462 张，采集有效区域为 350m × 600m，采用航空摄影测量点云重建软件进行点云的解析与模型重建，生成模型共包含 1400 万个点云点。三维实景模型如图 8.2-1 所示。

图 8.2-1 牛首山边坡倾斜摄影测量三维实景模型

8.3 智慧监测分析系统

为了更加高效地进行地灾项目多源监测数据信息采集与处理分析，中航勘察设计研究院有限公司开发出了一系列应用于各类工程项目的工程智慧平台子系统（详情见本书第 7 章）。该系统以 GIS 与 BIM 技术为依托，集数据采集、数据传输、数据显示为一体，基本实现了工程监测过程数据深度交互，具有极强的可适用性。同时该系统采用模块化方案，可以选择各种不同类型的传感器设备进行搭配组合。针对边坡监测的应用场景，设置了地表监测机器人、深部全向位移计、GNSS 基站、雨量计、孔隙水压计、温度计等一系列全自动数据采集仪器（图 8.3-1），以满足该坡段数据采集与分析的需求，为后期基于边坡多源异构数据融合的边坡评估提供了必要的数据支持。

测量机器人　　　　GNSS 基站　　　　自动裂缝计　　　　深部全向位移计

图 8.3-1　牛首山边坡自动监测系统与部分现场监测设备

8.4　影响区域识别

为了确定分析区域的边界范围，更高效地进行数据分析，首先需要进行滑坡影响区域的判定。采用第 4.2 节提出的 MobileNet 轻量化网络进行滑坡影响区域的识别，将识别图像结果进行三维空间点云映射，并应用第 5.3.5 节中提到的点云降采样与处理后，可得到如图 8.4-1 所示影响范围识别结果。图中，浅色区域为智能识别出的滑坡影响区域范围，深色区域为经过处理后的其他区域。通过图 8.4-1 识别结果与实景三维模型进行对比可以看出，使用 MobileNet 轻量化智能区域识别算法可以较好标识出滑坡影响区域的范围，较为完整地提取出实际可能出现滑坡的区域，并为后续的多源数据处理划定了研究区间。

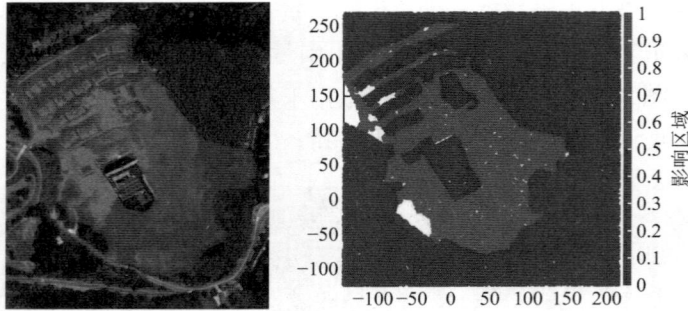

(a) 识别结果

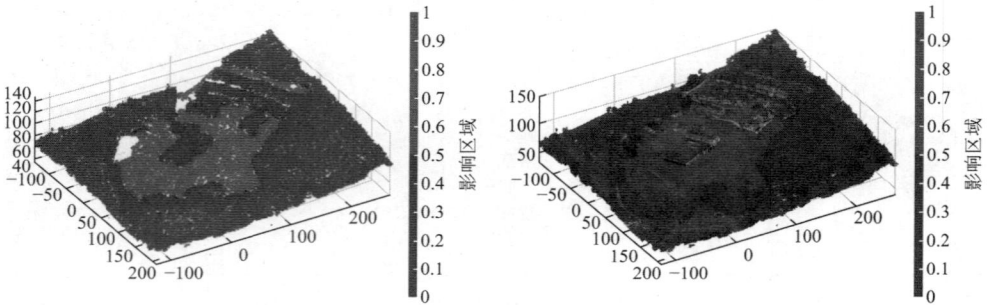

(b) 三维数据点映射与处理

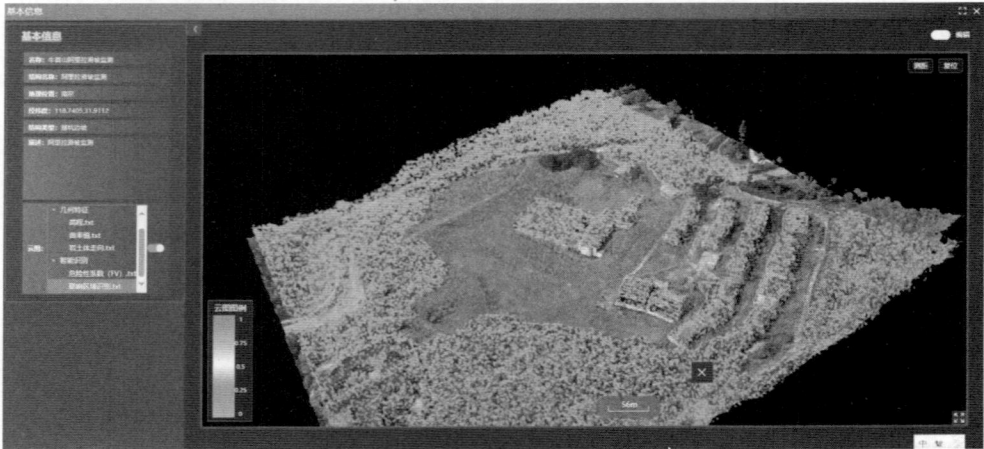

(c) 平台影响区域模块显示

图 8.4-1　牛首山边坡影响范围识别与数据处理

8.5　深层滑动带识别

上一节主要对于滑坡影响区域进行了识别，确定了滑坡坡面的影响范围。本节中将应用第 4.3 节中所述的 BMA 变点分析方法进行基于自动化深部位移监测数据的滑坡岩土体滑动带识别。采用贝叶斯变点分析方法，根据自动监测系统的深部位移实测数据，结合地勘报告中的地层分布情况，对坡体的滑动带分布情况进行综合研判。本研究选取了 2022 年 9 月—2023 年 9 月的深部位移数据。经过变点分析计算得到如图 8.5-1～图 8.5-3 的解译结果。图 8.5-1 中，虚线为地勘报告中假定的滑动面，深色粗线为变点分析中最大概率出现滑动面的位置，浅色细线与深色细线分别代表变点分析的破坏面概率的上下包络线。从 1-1 剖面［图 8.5-1（a）］判定结果可以看出，最大概率滑移面在②地层与③地层之间出现，深度大约在 10～15m 之间；从 2-2 剖面［图 8.5-1（b）］可以看出，深部位移主要发生在③层的顶面交界处，或发生在同一地层的内部。从实测数据的变化规律可以看出，深部位移的变化模式基本没有较大变化，且 1-1 剖面深部水平位移控制在 10mm 之内，2-2 剖面控制在 20mm 之内。从概率包络线的角度看，当滑动面处于交界面时，滑动区间较小，滑动面相对确定；当滑动区间处于较厚地层中时，破坏面概率分布通常范围较广，且随机性较大。

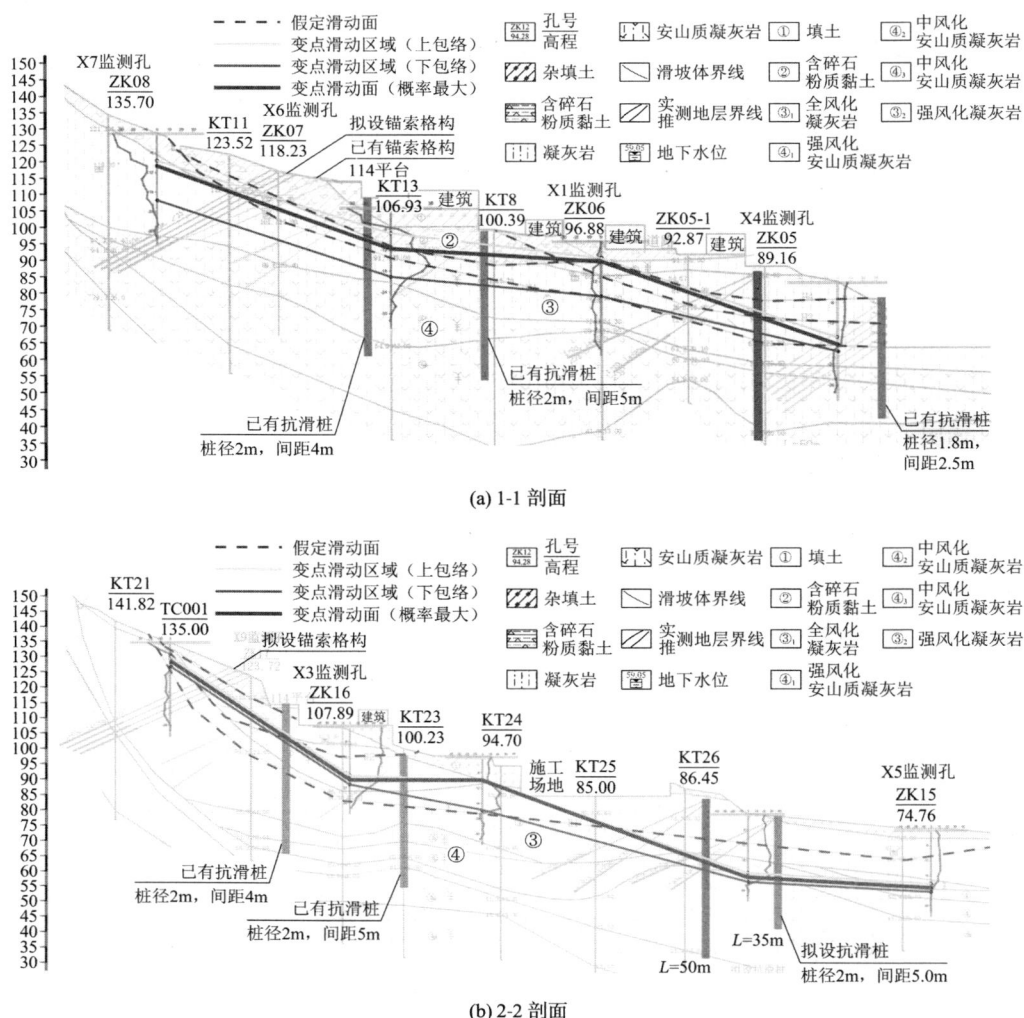

(a) 1-1 剖面

(b) 2-2 剖面

图 8.5-1　基于深部位移曲线变点分析的滑动位置识别

在边坡工程的实践中，深部滑动面的判定通常会以多个虚拟滑动面的形式呈现（图 8.5-1）。但从上面段落对深部位移数据分析的结果可以发现，滑动面在同一土层内的深层变形分布具有极高的随机性。有时简单的滑动面并不能准确地表现出这种滑动区域的随机性。如图 8.5-2 所示，为 CX1 测点在 2023 年监测数据的变点分析情况。从结果可以看出，虽然累积变形的分析结果显示，在较长的时间跨度上看，破坏点判别发生在 −10m 左右的位置，但从逐月变形速率的数据的分析结果中不难看出，此月中，实际发生位移的位置为 −22m 处，与累积数据分析结果大相径庭。这是由于数据累积使得实际发生变化的位置会被累积数据所掩盖，从而导致该月滑移位置的错误判断。相同现象也在 CX2、CX6、CX9 等多个监测位置发现。结果表明，在较长的时间尺度下，当滑动带所处的土层较厚时，深部位移的变化并不会仅仅出现在单一的位置，而是在一个区间内随机发生，这也与图 8.5-3 所示的概率分布包络线所反映的规律相同。在同一土层中，在降雨、振动等外界条件的影响下，部分区域的变形概率会发生较大变化（图 8.5-2 竖线）。因此，在基于深部位移曲线的滑坡滑动带识别时，应该考虑用基于发生概率的破坏区间（图 8.5-3）代替单一的破坏曲线，这样可以更加客观全面地表示出该坡段深层滑动破坏的位置。

通过变点分析方法对深层位移数据的分析，结合现场降雨排水情况可以看出，滑坡滑动带部集中③层全风化凝灰岩与上覆地层的界面处，这极有可能是由于该边坡排水不当，导致③层发生软化膨胀，其界面处产生了滑移。同时基于变点概率的滑动带可以更加精准地标识发生位移的实际位置，为后续进行分析判断和搜索最不稳定滑面提供重要的依据。

通过本节分析结果可以看出，全自动深部位移监测体系与变点分析的组合，可以有效地提取各个时间段与各个位置的深度位移数据变化情况，实时判定各个时间节点发生变形的具体位置，为后期进行滑动带演化规律分析与滑坡稳定性的分析与灾害预警预报提供了必要的依据和支撑，极大地减少了反复测量带来的人力成本。

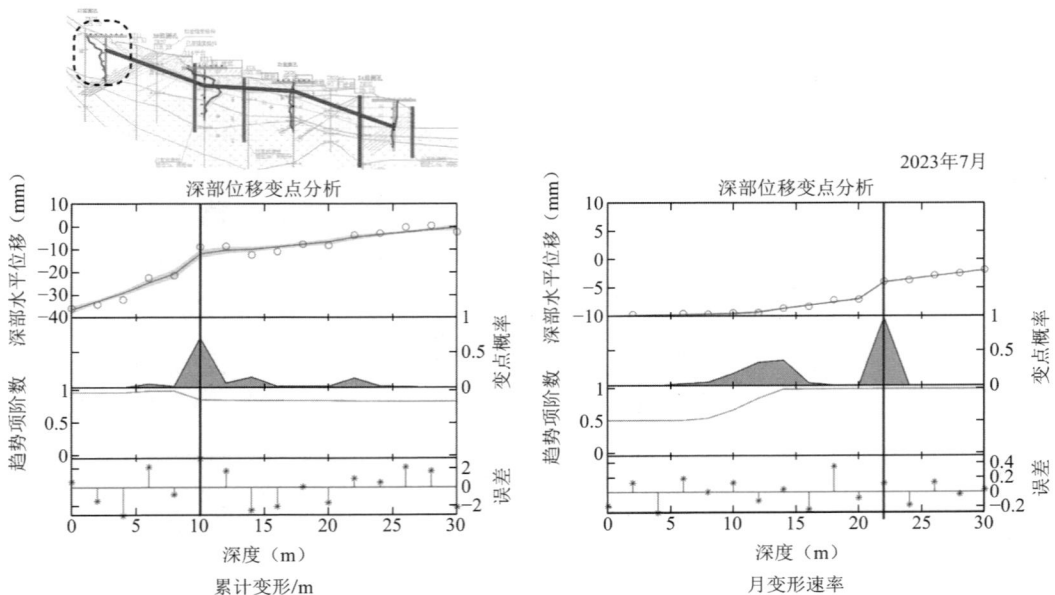

图 8.5-2　CX1 点累积变形与月变形速率的分析结果对比

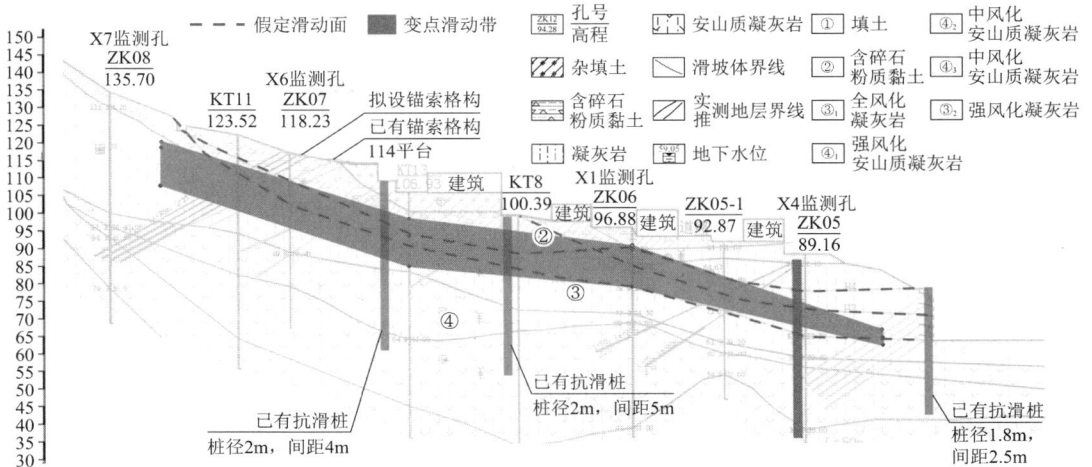

(a) 1-1 剖面

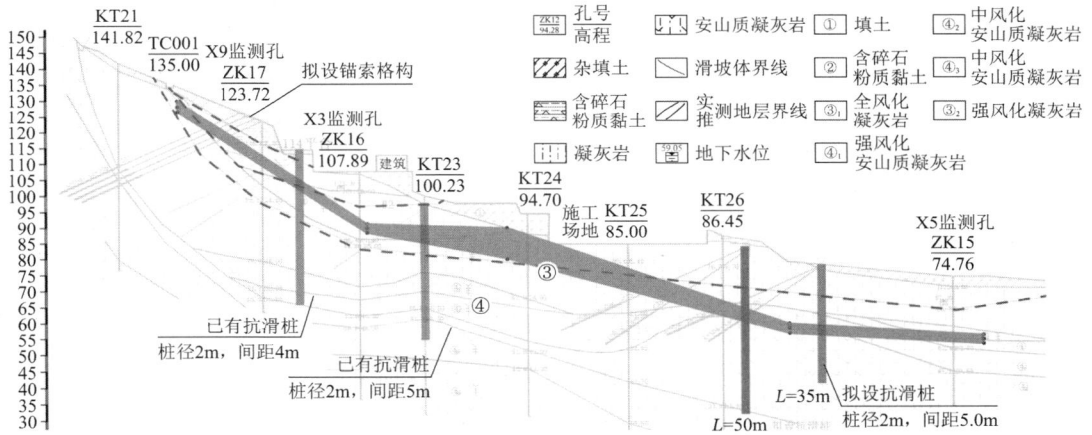

(b) 2-2 剖面

图 8.5-3　基于 BMA 变点分析概率的滑动带提取

8.6　多源数据融合现状危险性评估

8.6.1　多源数据评价体系建立

　　传统的滑坡评估方法依赖地质专家在现场进行大量勘查，在做出人工判别，这种方法不仅识别效率低，而且难以应对大范围区域内潜在滑坡隐患点的筛查工作，对人员经验的要求也极高。利用多源异构数据进行滑坡易损性分析思路可以通过先进的遥感监测设备，直接获取更为全面和准确的信息。不同来源的数据可以提供不同的视角和信息，包括地质地貌、地形地貌、气候水文等多个方面的数据，综合分析可以更全面地评估滑坡的破坏可能性，不同的数据可以相互比较与验证，提高分析结果的可信度和准确性，减少因误判或遗漏而造成的风险。采用第 5.4 节提到方法，对牛首山边坡的危险性进行综合分析。为了更加全面地覆盖滑坡变形的影响因子，构建如表 8.6-1 所示的影响因子体系。主要分为以下几个大类：

（1）表观因子

表观因子是指在边坡工程中观测到的各种表面现象或指标，可以反映边坡实际变形破坏的情况，由安装的全自动测量机器人与感知传感器直接测量得到。主要包括以下几个方面：

变形：边坡在外部作用下发生的形变，包括土体的位移、倾斜等。

变形速率：边坡变形的速率，即单位时间内发生的变形量。

沉降：边坡地表或土体在自身重力作用下下沉的过程。

沉降速率：沉降的速率，即单位时间内发生的沉降量。

（2）地质情况

地质情况是指边坡所处地区的地质特征，对边坡危险性具有重要影响。一般结合勘察单位的勘察报告获得。包括：

滑动面岩土性质：指根据第 8.5 节分析出的滑动地层处的岩土性质，根据软硬程度分为 3 个层次。

上覆覆土厚度：指覆盖在边坡上方的土层厚度。本研究中，滑动面主要分布在③层，①、②层定义为上覆覆土。

（3）几何形态

几何形态描述了边坡的形状和结构特征，对边坡的稳定性和变形具有重要影响，可通过三维点云几何形态解算方法获得。包括：

曲率半径：边坡曲线的曲率半径，描述了坡面曲线的弯曲程度。

坡度：边坡各点的倾斜度，即法向量水平分项与垂直分项的比值。

平整度：描述了边坡表面的平整程度或不规则程度。

坡体结构：边坡的构造特征，包括岩土体的层理、节理、裂缝等。

（4）水文情况

水文情况是指边坡周围水文环境的情况，对边坡稳定性和变形具有重要影响。包括：

降雨量：单位时间内降水的量，是导致边坡失稳和变形的主要外部因素之一。

水位变化量：地下水位或地表水位的变化量，对边坡稳定性有直接影响。

排水条件：是指该区域的汇集水流并自行排出的难易程度，通常会影响该区域水流渗入土层的程度，包括排水设施与场地情况等。通过三维模型解析与现场巡视得到。

牛首山边坡多源数据评价因子　　　　　　　　　　　　表 8.6-1

评价体系大类	评价因子	代号	分级	描述
表观因子	变形	X、Y	定量	
	变形速率	V_x、V_y	定量	
	沉降	Z	定量	
	沉降速率	V_z	定量	

续表

评价体系大类	评价因子	代号	分级	描述
地质情况	滑面岩土性质	S_T	3	多硬性：泥盆石炭系，硬岩
			2	中间质：二叠系，中间
			1	多软质：侏罗系，软岩、土
	上覆覆土厚度	H_S	定量	
几何形态	曲率半径	C	定量	
	坡度	α	定量	
	平整度/崎岖度	R	定量	
	坡体结构	S_R	4	块体
			3	顺坡 $< 60°$
			2	横坡 $60°\sim120°$
			1	逆坡 $> 120°$
水文情况	降雨量	V_r	定量	
	水位变化量	W	定量	
	排水条件	W_p	3	好：邻近排水沟，坡度适当
			2	中：地势平坦，无相关设施
			1	差：地势凹陷，无相关设施
现场情况	破损情况	S_D	4	周边岩土结构有明显破坏
			3	周边岩土结构有中度破坏
			2	周边岩土结构有轻度破坏
			1	周边岩土结构无破坏
	植被覆盖	S_V	4	茂盛植被覆盖
			3	低矮灌木覆盖
			2	草皮覆盖
			1	无植物覆盖
	邻近工程情况	S_E	3	邻近有大面积开挖
			2	邻近有小面积开挖
			1	邻近无开挖
	深层加固情况	S_{DR}	3	邻近有长桩加固
			2	邻近有短桩加固
			1	邻近无桩加固

（5）现场情况

现场情况是指边坡周围的实际情况和环境因素，是边坡破坏的重要诱发因素。包括：

破损情况：边坡表面或结构存在的裂缝、变形等明显破损情况。由现场巡视进行标注。

植被覆盖：边坡表面覆盖的植被类型和茂密程度。从三维模型上进行标注。

邻近工程情况：边坡周围存在的其他工程活动（开挖或填土），由现场巡视得到。

深层加固情况：对边坡进行的深层加固工程，如锚杆加固、桩基加固等。由现场巡视与施工资料查阅得到。

8.6.2　多源数据灰色关联度显著性分析

根据上述提炼得到的影响因子评价分析体系，进行多源数据的融合与分析。根据表 8.6-1 的相关判据分别对各个影响因素进行计算处理，其中定量数据直接采用埋设的传感器采集参数，定性的判断根据给出的判断标准，进行定量化评价，具体标准见表 8.6-1。本案例提取的数据时间为 2023 年 7 月，研究坡面的范围如第 8.4 节中基于轻量化网络提取的坡面影响范围。由于测点与影响因子的分布不同，需要采用第 6.4 节开发的 STED-3D 程序，进行各类影响因子的时空维度转化，各类影响因子的数值空间分布如图 8.6-1～图 8.6-5 所示。其中，定量化因子（GNSS、沉降等）显示为测量值，定性化因子（排水条件、滑动面性质等）采用定性分组结果。进行完成各个分项的影响因子的时空转化后，对数据进行归一化/标准化处理，除去量纲影响。

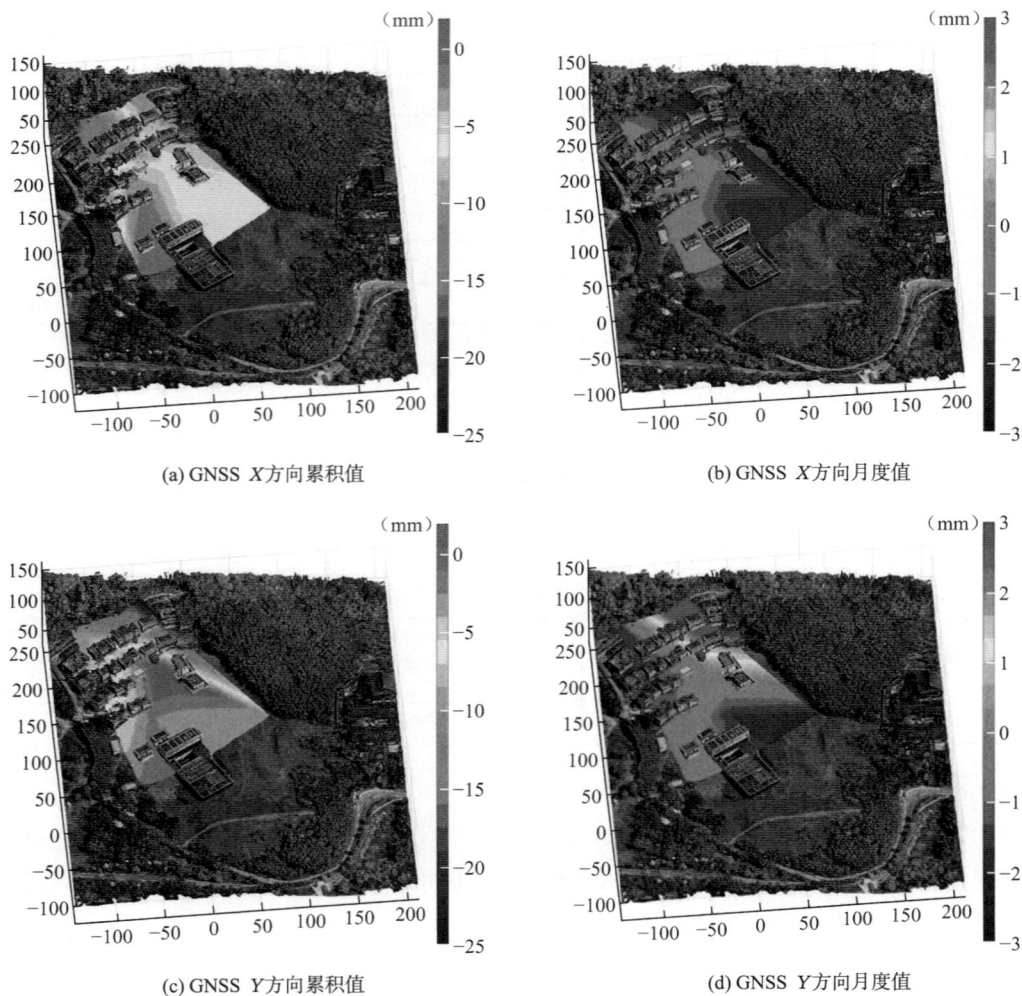

(a) GNSS X方向累积值　(b) GNSS X方向月度值　(c) GNSS Y方向累积值　(d) GNSS Y方向月度值

(e) Z方向沉降累积值

(f) Z方向沉降月度值

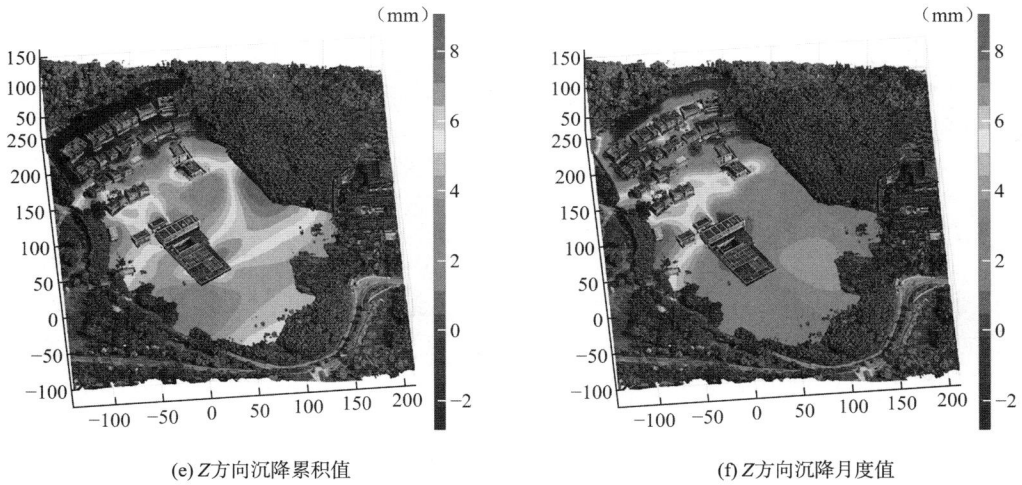

图 8.6-1　表观因子分析结果

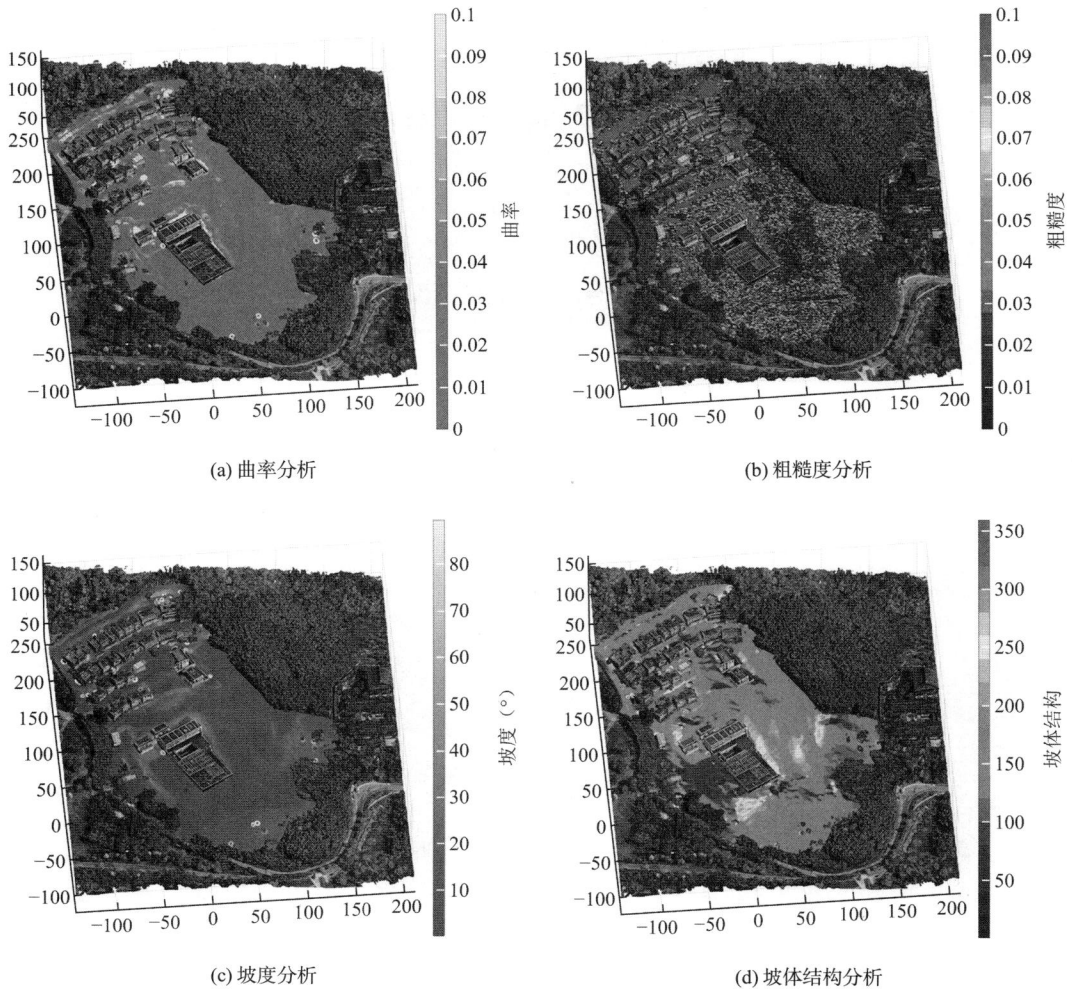

(a) 曲率分析

(b) 粗糙度分析

(c) 坡度分析

(d) 坡体结构分析

图 8.6-2　几何形态分析结果

(a) 当月水位变化量分析

(b) 当月降雨量分析

(c) 排水条件分析

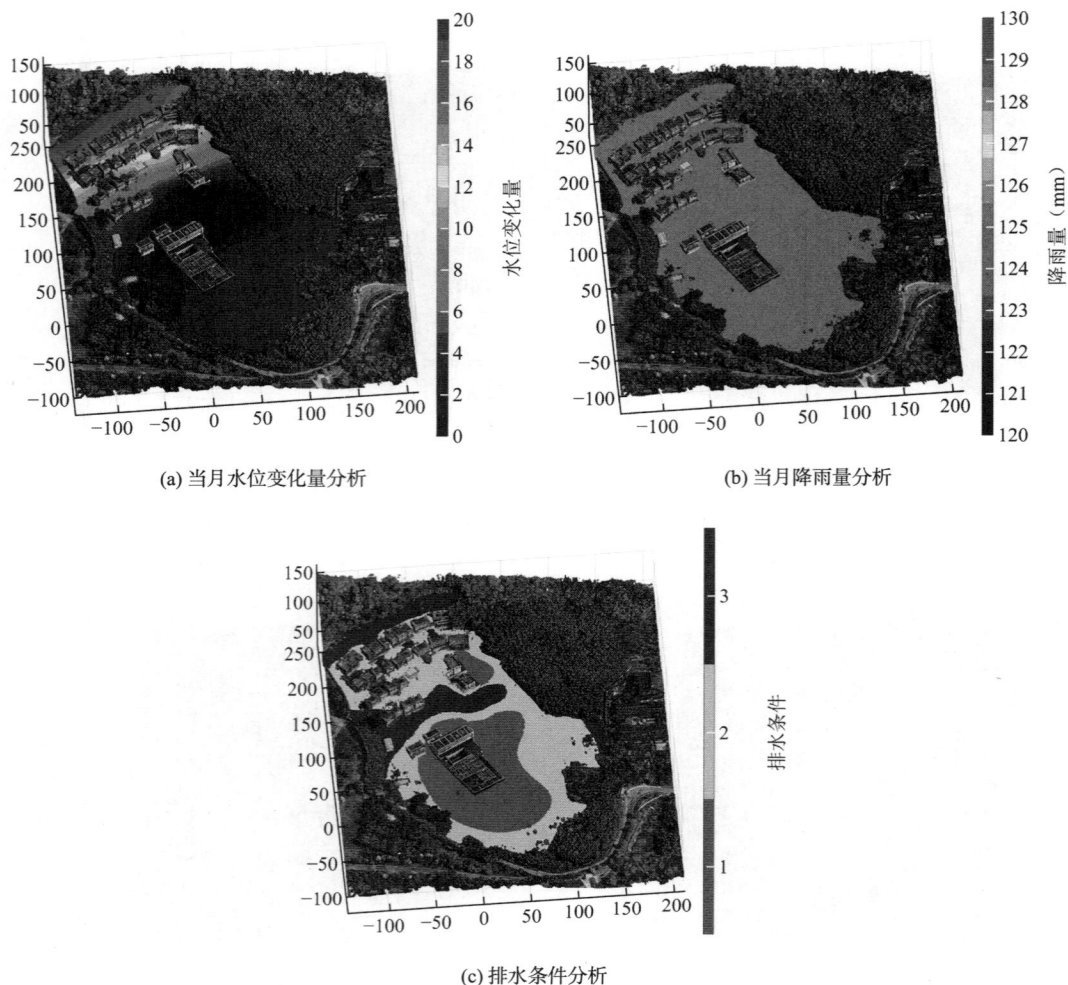

图 8.6-3　水文情况分析结果

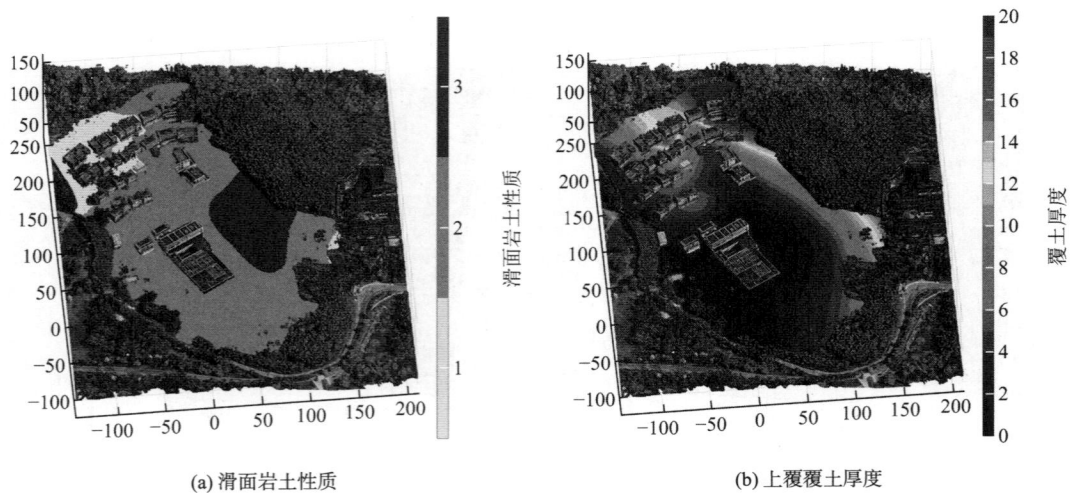

(a) 滑面岩土性质

(b) 上覆覆土厚度

图 8.6-4　地质情况分析结果

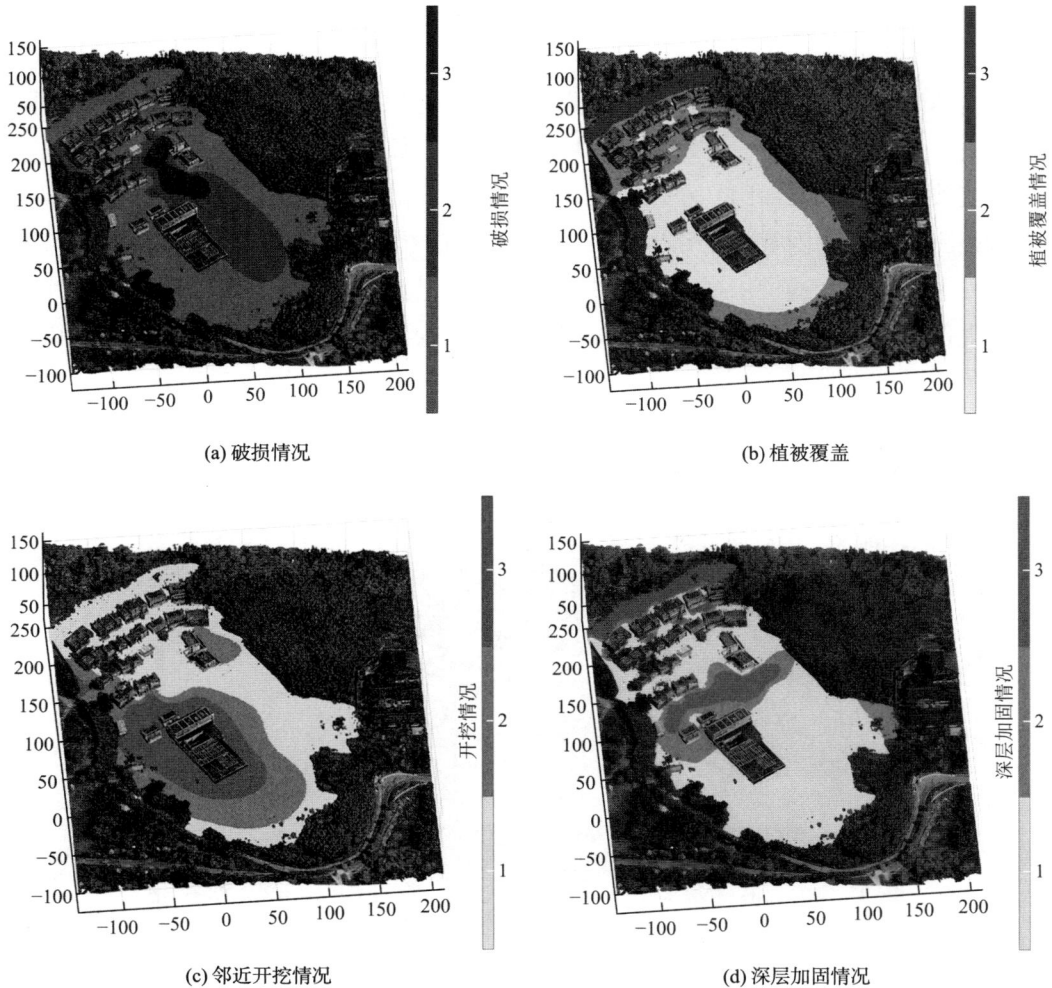

(a) 破损情况

(b) 植被覆盖

(c) 邻近开挖情况

(d) 深层加固情况

图 8.6-5 现场情况分析结果

为了给边坡岩土易损性一个客观的参照，以表观因子位移Z的累积量、当月变化量，以及发生破坏区域的评价量为基本参照量，运用第 5.2.1 节中所示的灰色关联度分析算法判断各影响因子与表观因子之间的相关性与显著性关系，形成了由 15×60000 个评价因子数值构成的时空评价分析矩阵。显著性计算综合评价结果表现在一系列的相关性矩阵热力图中，灵敏度参数ρ根据前人的分析结果取 0.8，如图 8.6-6 所示。从该相关性热力图中可以看出，在上面选择的 15 个评价因子中，表面曲率与粗糙度的分布接近于随机离散，与其他参数的耦合度较低，无明显的相关性规律，实际分析结果显示为 NaN，在评价影响因子体系分析的过程中，可以直接作为无关因子进行排除。同时，观察相似矩阵的 1、2、3 列，分别表示各个表观因子与影响因子间的相关性。根据相关性参数，对各个因子与当月沉降量以及破坏情况的相关性进行分析判断。综合来看，剩余的 11 个相关因子对于坡面的变化的相关性均大于 0.8，说明这些因子均或多或少与实际变形与破坏发生情况有一定相关性。根据数值可以看出，对于坡面破坏影响较大的因素排序分别为，滑面岩土性质 > 降雨量 > 高程 > 排水条件＞坡度、坡向＞邻近开挖，相对来说，水位变化、上覆土厚度、植被覆盖、深层加固等参数的相关性相对较低。

根据结果构建相关性数据体系，形成进行数据优化的结构体系，显著性因子为降雨量、滑面岩土性质、高程、排水条件、坡度、坡向、邻近开挖，次显著性因子为上覆土厚度、植被覆盖、深层加固、水位变化，无关因子为曲率与粗糙度。在实际计算中，可以酌情关注显著影响因素的变化，并且在计算中给予更高的权重。根据以上的评价因子体系，可为后续计算提供依据。上述结果表明，通过灰色关联度显著性分析可以比较直观地看出各个影响因子相互之间的相关性，也可以为后续进行易损性评价分析提供数据基础。

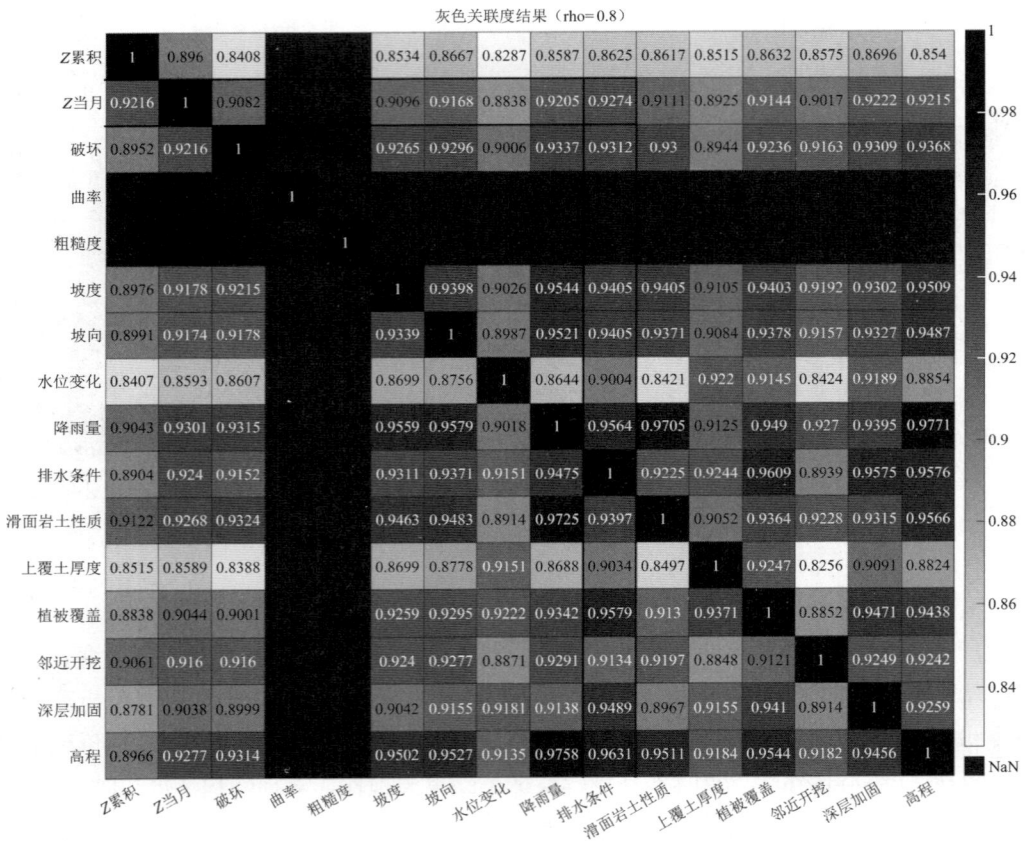

图 8.6-6 多因素灰色关联度评价结果

8.6.3 考虑专家评价的多源数据边坡易损性指标（EG-SSA）计算

作为对边坡进行评价的关键部分，专家通过对现场的评价分析，对于实际进行数据融合结果有十分关键的影响。本研究提出了考虑专家评价的多源数据边坡易损性分析（Expert-Guided Slope Suscepibility Analysis，EG-SSA）方案，引入了专家评价指数，相关性权重矩阵进行优化。该系数主要为了充分考虑多源数据岩土分析评价系统中纯数据驱动的缺陷，将岩土工程专家的长期经验有机地融合进实际的评估体系中。经过专家开会研讨综合判断的意见，认为降雨、排水条件、滑面岩土性质对于本边坡案例中滑动面滑动的影响最大。根据如图 8.6-7 所示的 DX2 点位水位与边坡深部位移变化曲线分析可以看出，水位变化与降雨量有明显的联动效应，同时降雨量的变化与坡面滑动的趋势高度紧密相连，随着降雨量的增加，边坡水位会发生显著变化，同时深部滑动面也会发生相应的滑动，在时间上存在一定滞后性。同时根据专家现场踏勘，确定了排水情况对于实际的滑坡的影响。同时，专家巡视的结果，也印证了本书中使用的灰色关联度显著性分析可以在一定程度上客观地反映各因子的显著性。根据专家判断，实际进行岩土易损性分析时增加了相应专家评价指数更新影响权重矩阵，具体的评价指数如表 8.6-2 所示。融合形成了考虑专家经验的评价体系，结合 AHP 算法进行显著性影响因子权重的组合与叠加，得到与 EG-SSA 评价系数，如图 8.6-8 所示。为了验证专家评价对于评估结果的影响，同时给出了未考虑专家评价指数的纯关联数据判别的 SSF 指标，如图 8.6-9 所示。

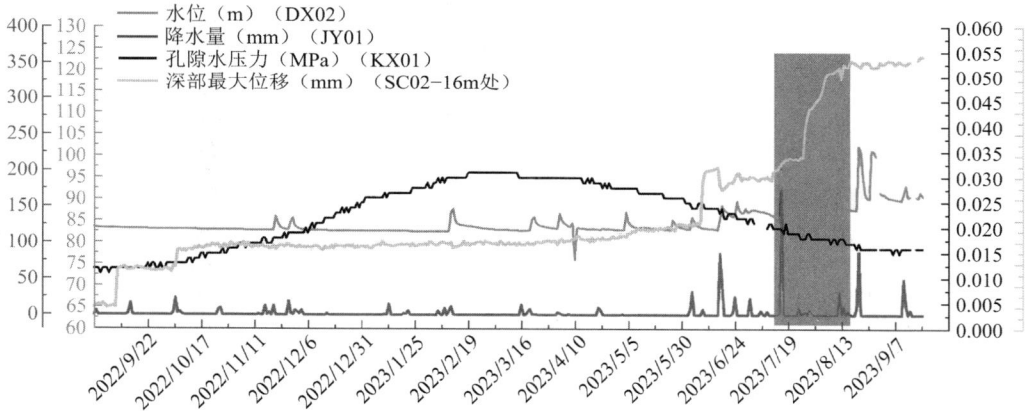

图 8.6-7　关键点位降雨与深部变形位移间的关系

专家评价指数　　　　　　　　　　　　表 8.6-2

重要性	项目	专家重要性系数
重要系数	滑面岩土性质	1.5
	降雨	
	排水条件	
一般系数	其他显著性系数	1
非重要系数	其他系数	0.8

将图 8.6-8 的 EG-SSA 结果与纯数据驱动的 SSF（图 8.6-9）结果进行对比。结合现场的实际情况可以看出，无论是否引入专家评价系数，判断结果都可以较好地反映出实际变形破坏的整体分布情况，根据数据融合的方法判断出不同位置的易损性。相关结果不是考虑单一因素的，而是结合了多种不同因子的时空分布规律，具有一定的代表性。但从局部细节看，专家经验系数的引入与实际结果更加接近，尤其是对排水条件因素的权重的增加，

使得原来评价体系中不被关注的地表冲蚀问题得到了关注。在原来部分较大坡度、坡面边缘区域的冲蚀滑动区域的危险系数得以有效提高［图 8.6-8（b）］。同时，在边坡最北端，由于考虑到排水与汇水情况，相应的易损性分布情况也与实际后缘的变形分析情况更加吻合，呈现"中间大，两边小"的分布特征。

图 8.6-8　EG-SSA 分析结果与现场对比

通过对比图 8.6-8 与图 8.6-9 的结果可以看出，单纯依靠监测数据驱动的结果由于缺少对于工程经验的积累，虽然在一定程度上可以反映该时间段内各个影响因子与破坏情况的联系，但通常会由于数据采集时的非连续性与随机性产生一定的偏差，专家评价指数则可以有效地将专家经验量化到数据融合分析体系中，方便专家将抽象的工程经验具象化为实际的分析参数中，有效地降低了偶发性错误数据对数据驱动模型的影响，使得评价判断更加接近实际情况。根据已有的破坏情况综合分析，当 EG-SSA 系数超过 0.7 时，发生破坏的概率会大幅增加。同时，随着时间的变化，相应的边坡易损性系数也会随着融合指标的变化发生变化，有助于工程人员对于整体边坡的易损情况有更加清晰的认识。

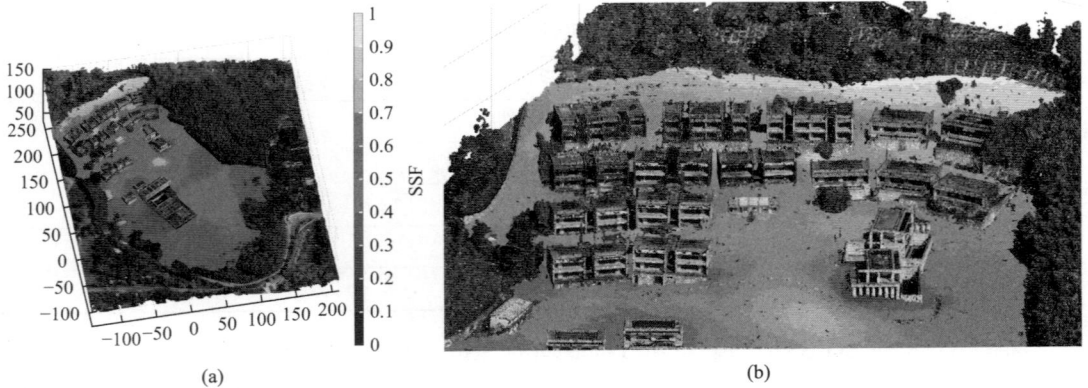

图 8.6-9　未考虑专家重要性系数的边坡易损性分析结果

8.6.4　EG-SSA 方案的优势

根据在牛首山边坡实例可以看出，在基于数据融合算法的边坡易损性分析中，考虑专家评价指数的方法不仅能够提高评估结果的准确性,还能够增强模型对复杂数据的适应性。本研究中,为了更好地契合牛首山边坡复杂的环境,提出了 EG-SSA 方案,证明了专家的经验在处理不确定性和复杂性系统方面是非常宝贵的,尤其是在监测数据不完整或难以获取的情况下。通过将专家的判断作为输入参数,可以有效地弥补纯数据分析的不足。专家重要性系数的引入,使得边坡易损性评估更加贴合真实的情况。在实际工程中,边坡的稳定性受多种因素影响,基于 AHP-GM 的显著性分析只能从数据的角度进行全面的评价。而专家能够根据自己的经验,对某些因素的重要性进行合理的加权,从而为模型提供更为精确的、符合物理意义的判断。随着新数据的获取和新知识的累积,专家的评估系统也会随之不断更新,这使得模型能够不断地自我完善和优化。这种动态更新的特性,使得边坡易损性评估能够适应不断变化的工程环境和自然条件的变化。同时,如何量化专家评价指数、如何整合多位专家的意见,以及如何处理专家意见之间的冲突等问题,都还需要进一步地研究和探索。

同时,SSA 算法与工程智慧平台的交互为岩土体的实时监测、评估、预警提供了可能性。工程智慧平台提供的智慧感知体系与传输体系,能够输入与处理大量实时数据,结合嵌入式数据融合算法,可以快速实现工程现场的状态评价(图 8.6-10),使各类研究算法可以真正服务于面对海量数据而无所适从的工程师。未来,随着技术的进步,我们可以预见到工程智慧平台将更加集成化,能够根据现场自动调整筛选显著性因子的阈值,实现更高级的数据分析和预测模型的自我优化。

多源数据融合技术和智慧平台的结合,将使得边坡稳定性评估更加精确、高效,同时也为未来的发展奠定了坚实的基础。随着人工智能和机器学习技术的不断发展,我们有理由相信这些系统将变得更加智能化,能够处理更复杂的任务,提供更深入的洞察。未来可以充分借助 CNN、GNN 等深度学习网络进行比较影响因子参数的进一步反演与优化,更深度地融合专家评价的结果,从而更好地服务于地质工程和灾害预防与预测。

除了边坡工程,考虑专家评价的多源数据融合分析思想还可以广泛地应用到各类工程的分析中,如图 8.6-11 所示。在道路设计和施工过程中,易损性分析可以帮助工程师识别可能的变形与塌陷区域,从而在运营阶段采取必要的预防措施;在开挖基坑时,易损性分析对于评估周围土体的稳定性至关重要,专家的经验可以指导如何结合地下水位、土类型和开挖深度等因素来预测和防止基坑坍塌;在建筑工程中,易损性分析有助于确定建筑物的破损位置,尤其是在地质灾害频发的区域,可以根据历史数据和现场调查,评估地震、不均匀沉降等灾害对建筑物稳定性的潜在影响。同时,该方法可以快速融合地理信息系统(GIS)、遥感技术、地质雷达技术等先进技术,提高分析的精度和效率,使得工程师能够更好地理解和管理岩土工程风险。考虑专家评价的多源数据融合岩土体易损性分析在工程实践中的应用,为未来地质灾害的预防和管理提供了新的视角和工具。

图 8.6-10　EG-SSA 在智慧平台上的交互

(a) 道面沉降分析与智慧评级分组

(b) 建筑物沉降与损伤点分析

图 8.6-11　考虑专家评价的多源数据融合分析在各类型工程中的应用

8.7　多源监测数据时空分析与位移发展预测

8.7.1　2015—2017 年坡面位移数据分析

为了对监测前的场地现状进行分析，首先采用 O-K 数据分析模块对 2015—2017 年的原始测量数据进行空间数据插值分析[86]。使用了 50×50 的空间插值网格，滞后距$h_x =$ 2.0m，$h_y = 3.2$m，加权影响范围$l = 160$m，基础变差模型为高斯模型。计算用时为 1s。得到边坡位移时空演变云图，如图 8.7-1 所示。

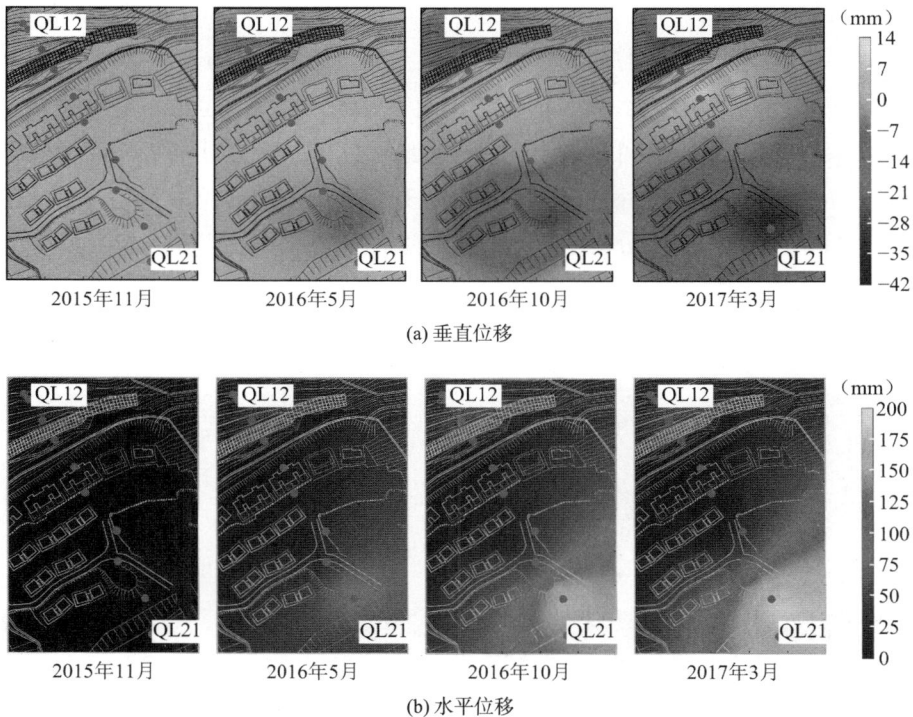

图 8.7-1　基于 O-K 插值空间插值方法的边坡位移数据演化机理分析

从图中可以看出，该方法可以快速有效地将单一数测点的数据转化为空间位移分布形式。从结果可以清晰地看出，前期该滑坡的位移演化主要呈现出两段式变形规律。在垂直方向，滑坡的前缘与后缘都产生了较大的竖向位移，位移在 30mm 左右；同时，后排建筑物西北侧（QL16 处）有较为明显的土体隆起现象，应该与后缘的土体沉降有一定的联动关系，因此应在滑坡的后缘与建筑之间（114 平台）加设相应的格构与锚索，以确保后部山体的稳定。同时，结合横向水平位移的演化规律，在滑坡前缘（QL19~QL21）处，同时产生了较大的竖向位移，水平位移接近 200mm。说明该区域，尤其是基坑的护壁后部土体依然有明显的向基坑方向运动的趋势，这极有可能是基坑护壁开挖时加固强度储备不足造成的，应该考虑在基坑与前排建筑物之间增加抗滑桩或锚索，以增强土体的抗滑性能，防止坑壁或坑内构筑物受到较大的主动土压力作用而产生破坏。与此同时，应该看到在2016年5月—10月，位移变化尤其明显，这也充分说明了雨季的降水确实会对该边坡的稳定性产生较大影响。从图8.7-1中位移发展趋势可以看出，该边坡在2017年3月的位移仍然有扩大化趋势，说明当时的加固方案仍有缺陷，应根据相应的位移时空演化规律，进行有针对性地加固。

8.7.2　2022年坡面位移时空演化分析

使用STED-2D系统对牛首山边坡2022年重新开始监测后采集到的GNSS数据进行分析[87]，插值方法采用双调和样条插值，如第6.3、6.4节所述，如图8.7-2所示。对8个地表GNSS点位的数据进行分析，观察坡面加固后上覆土体的位移演化规律。从STED-2D时空数据分析结果可以看出，此时主要的滑移发生在滑坡后缘的东侧与中部西侧的密集别墅区，X方向位移主要向东侧发展，Y方向主要向南侧发展，且最大位移主要发生在北侧山区与建筑场地相邻的地域。由此可以看出，滑坡后缘的区域与主楼北侧区域，依然是发生土体变形的主要区域，同时在中间的别墅建筑群也开始出现一定的位移变化，说明连续加固的方案对于坡面滑动的限制十分有限，值得持续关注。

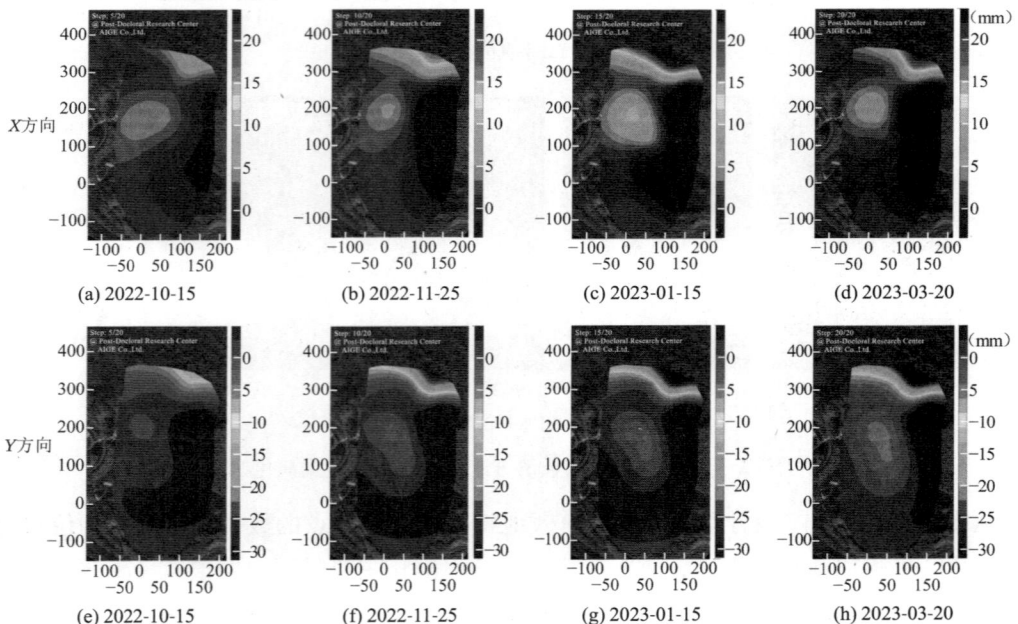

(a) 2022-10-15　　(b) 2022-11-25　　(c) 2023-01-15　　(d) 2023-03-20

(e) 2022-10-15　　(f) 2022-11-25　　(g) 2023-01-15　　(h) 2023-03-20

图8.7-2　2022年10月—2023年4月GNSS X、Y方向位移演化过程

8.7.3　2022—2023年位移序列EMD分析

结合上述的位移时空演化分析，可以很清晰地观察到位移变化的关键位置。掌握了这些关键位置的位移变化规律后，就可以有效地对其进行有针对性的分析，挖掘变化机理。此时，为了进一步解析重要点位的位移变化模式，判断其未来可能的发展趋势，研究

选择了 GNSS 测量点位中X最大位移点与Y最大位移点进行后续参数分析与预测。如图 8.7-3 所示。其中深色为X方向的最大位移数据序列，浅色为Y方向上的最大位移数据序列。

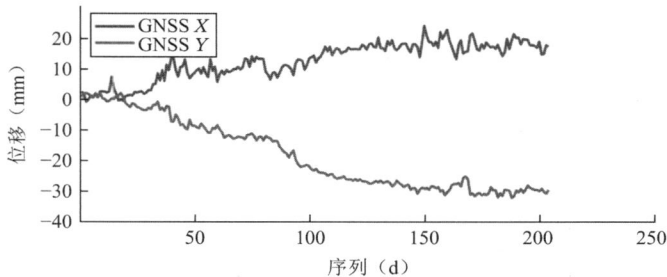

图 8.7-3　2022 年 10 月—2023 年 4 月 GNSS X、Y方向最大位移数据序列

　　为了对位移发展的趋势进行提取分析，运用第 4.2 节的 EMD 分解算法，应用 SDDMA 程序分别对 GNSS 数据X与Y的最大数据序列进行 EMD 分解，将原有的位移变化趋势分解为趋势项、周期项，方便观察其发展趋势，同时各 imf 也都可以在程序中进行显示，如图 8.7-4 与图 8.7-5 所示。从图中可以看出，无论是X还是Y，分解出的趋势项都可以较好地表征位移的发展趋势，为后期的研判分析提供良好的基础。

　　EMD 分解完成后，为了挖掘更多的信息，实现数据序列的多频谱分析，分别对两条序列曲线的原始数据序列与趋势项数据序列进行分析参数解算。在目前的 SDDMA 程序中，主要可以提取数据序列的变化量、变化增量与改进切线角。在后续的工作中可以进一步对提取参数的种类与算法进行扩展，以实现更加直观高效的判断。

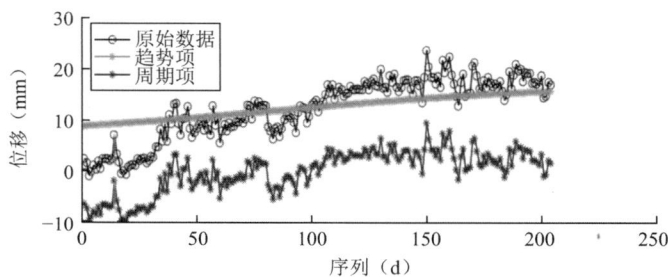

(a) EMD分解显示

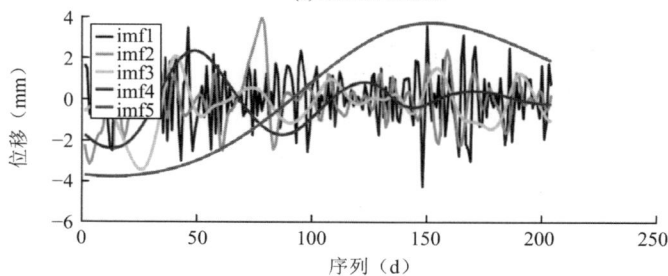

(b) imf

图 8.7-4　GNSS X最大序列 EMD 分解

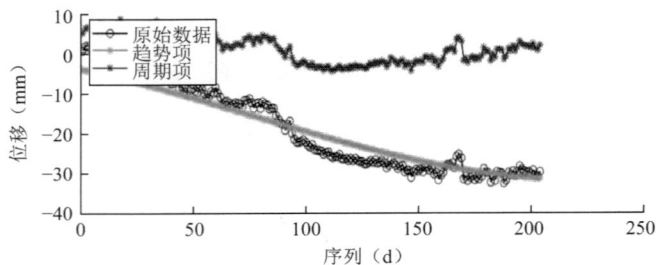

(a) EMD分解显示

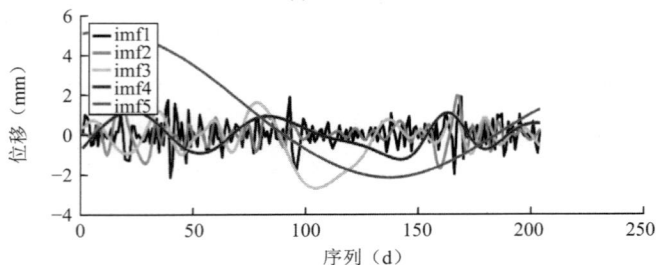

(b) imf

图 8.7-5　GNSS *Y* 最大序列 EMD 分解

从目前获得的分析参数可以看出，如图 8.7-6 所示，*X* 方向最大数据序列中，位移围绕趋势项上下振动，振幅与增量保持在固定变化区间，基本保持平稳，切线角小于 30°，发生较大数据跃迁的概率较小；同时，其发展趋势项的变化量持续放缓，位移增量趋于 0，说明其变化幅度明显放缓，变化增量正逐步趋于稳定，已经脱离了加速变形区域。

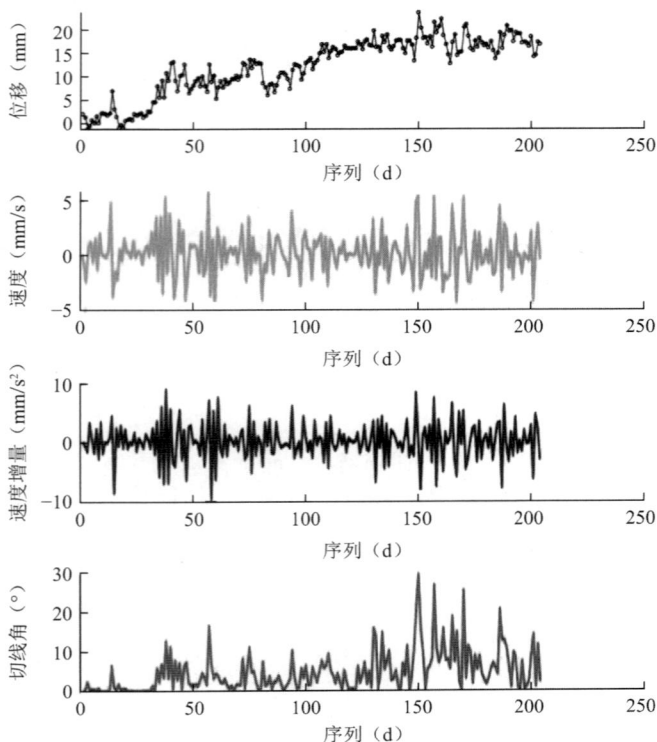

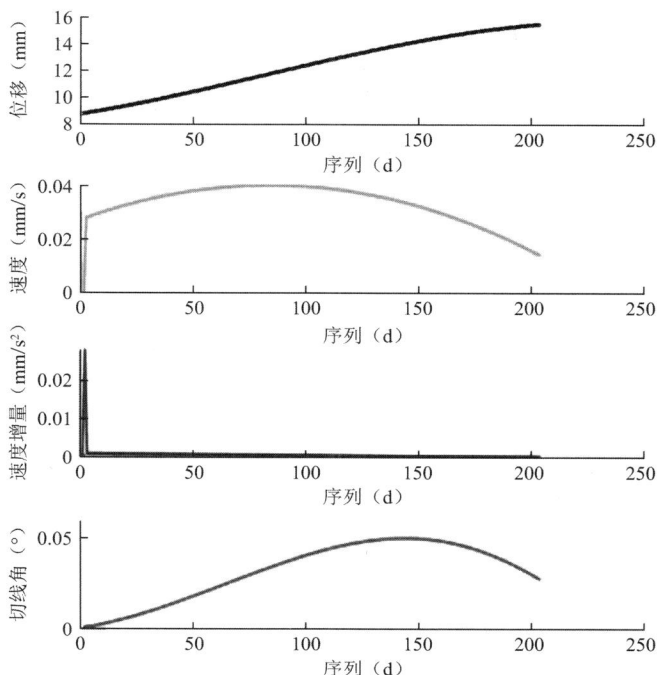

图 8.7-6　GNSS X 最大序列分析参数提取

另一方面，如图 8.7-7 所示，从 Y 方向最大数据序列可以看出，其变化增量并不平均，目前获取的数据有两个明显的变化周期，可能与降水等情况相关，其切线角也一直保持在较小范围，发生较大数据跃迁的概率较小；从其发展趋势项上看，其变化率也在持续变小，正逐渐归零，因此也已经过了加速拐点，逐渐进入缓慢变化的过程。

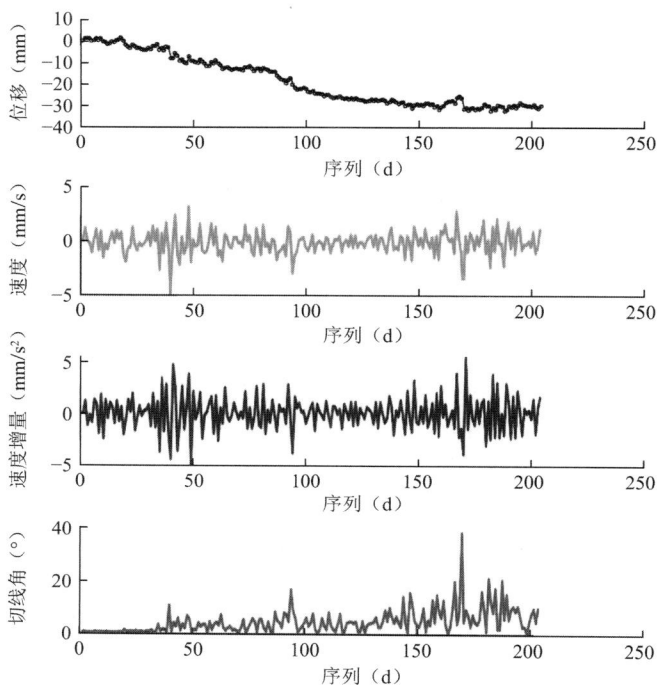

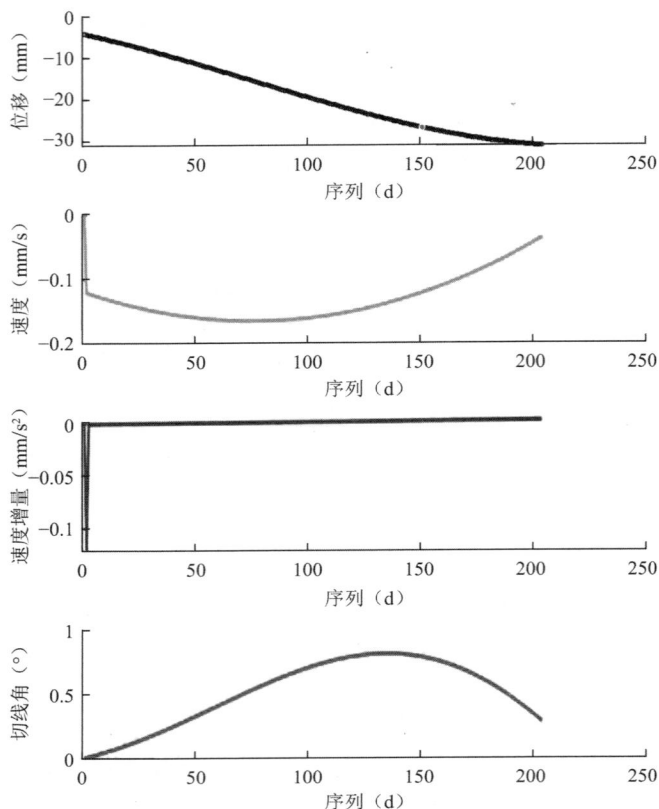

图 8.7-7　GNSS Y最大序列分析参数提取

从上述分析可以看出，本研究提出的基于多频谱的位移分析的方法，可以有效地将位移序列的趋势与振荡周期进行分解，可以更加直观地解构出位移序列变化的模式，为后期设置预警预报节点与危险性程度的评价提供必要的数据支撑。

8.7.4　2022—2023 年位移智慧预测

在进行完参数分析后，将提取的分析参数载入到预测模型中并进行模型训练。根据第6.2.4 节中提到的分析方法，SDDMA 程序可以将提取到的参数自动组合成数据训练集。训练模型维度包括位移、速度、速度增量、前置位移、降雨量、水位变化量等多个维度的数据。通过窗口输入栏调整相应的训练参数后，可以快速训练出针对当前序列的 Elman 网络模型。提取最后 30 个数据项作为预测验证数据集。验证结果和学习参数如图 8.7-8 所示，其中*代表预测结果，o 代表实测结果。

从分析的结果可以看出，无论是X还是Y方向序列预测结果都可以较好地拟合实际位移变化曲线，预测位移的误差基本控制在 5mm 以内。同时根据其预测图形的变化模式可以看出，随着位移数据序列的变化，模型会根据上一时步的位移数据实测值与预测值的误差进行实时调整，并且其时变性可以较好地修复误差，使预测结果误差始终保持在较低水平。结果表明，基于多频谱序列的 Elman 网络预测方法可以有效地对实测位移序列进行高效地分析与预测，该方法可以推广到对边坡等一系列岩土体的位移与变化分析之中。

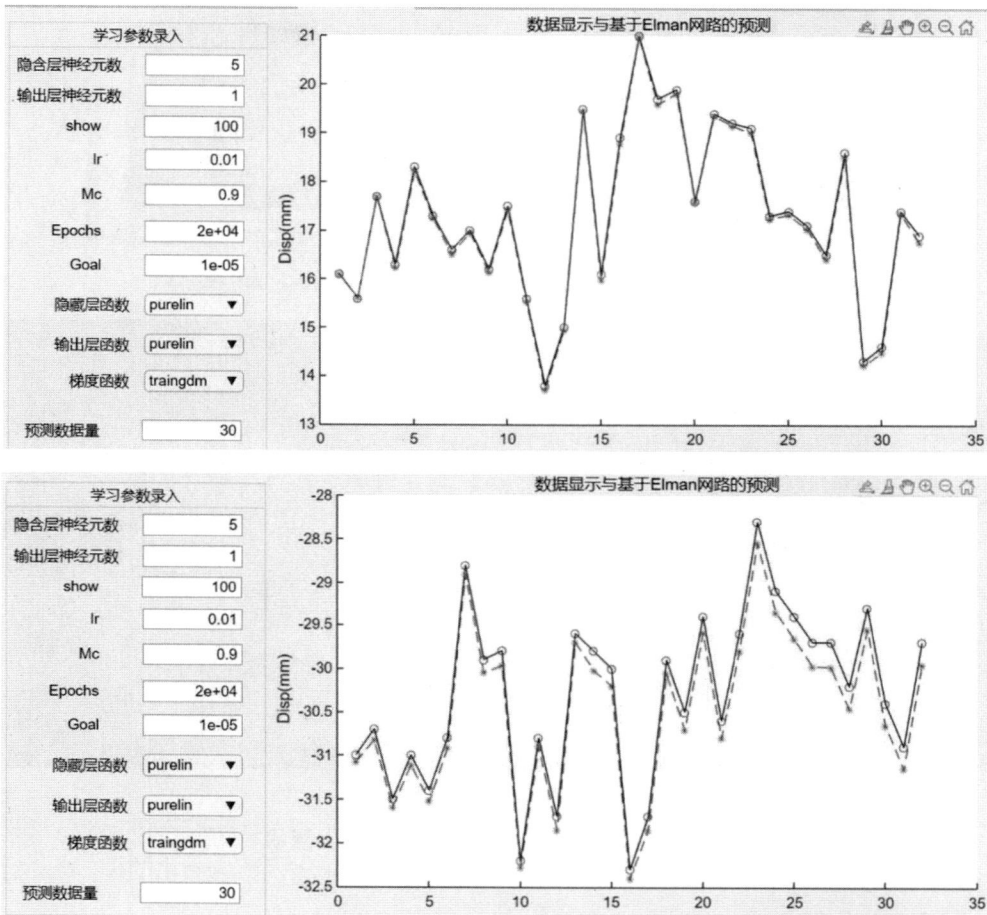

图 8.7-8　GNSS *X*、*Y*最大序列 Elman 数据预测

同时，为了实现与中航勘察工程智慧平台的衔接，运用 STED3D 对预测的单一维度数据进行三维空间插值，并且根据实际测量数据，对预测结果与实测结果进行对比分析，如图 8.7-9 所示。对比采用了 2023 年 3 月之前的数据进行训练，并对 2023 年 4 月的 GNSS *Y*方向数据进行了预测，对比分析与预测结果可以看出，该方法可以较为准确地预测出位移的发展趋势，在北侧与南侧的关键位置的预测与实际测量的误差分别为 4.2%与 7.9%。同时由图 8.7-9（a）、（b）对比可以看出，预测结果的位移空间分布规律基本与实际测量结果相同，仅有部分区域的数值大小略有误差。结果表明，多元影响因子的引入有效地控制了对位移变化过程的预测，对于有突变性的数据预测有较好的效果，在一定程度上解决了由突发作用引发的数据预测不准确的问题。

结果表明基于 Elman 网络的预测分析方案可以有效地应用在地质灾害监测分析中。同时结合中航智慧平台可以将预测结果更加直观地展现在工程人员眼前，方便对工程设计方案提供参考。

(a) 实际测量结果

(b) EMD-Elman 网络预测结果

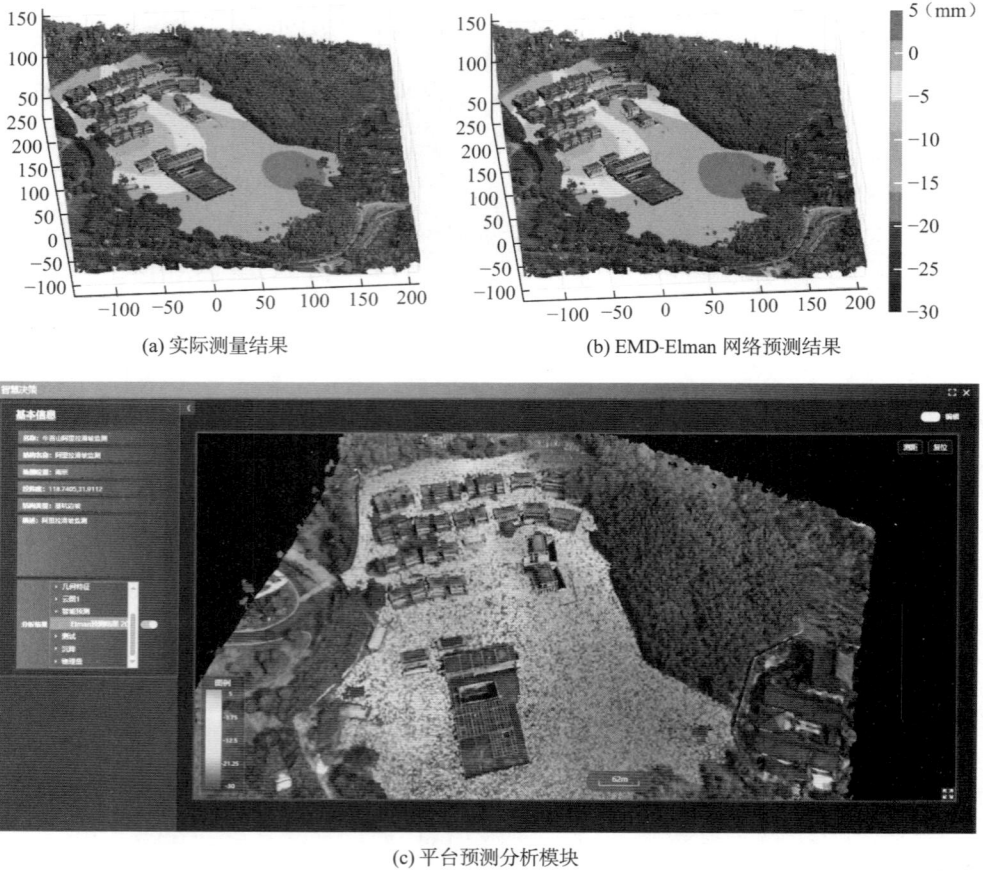

(c) 平台预测分析模块

图 8.7-9　预测结果与实测结果的对比与展示

8.8　本章小结

本章结合南京牛首山阿里拉酒店边坡全自动监测评估项目，展现了多源异构数据边坡智能分析预测体系和识别—评价—预测为主线的工作流程，并对该边坡的现状危险性进行综合分析研判，对该边坡位移时程曲线的未来发展趋势进行了智能预测。首先，在工程简介部分中详尽地描述了该项目的研究背景及其复杂的工程、地质条件。之后，深入探讨了无人机倾斜摄影测量技术在孪生模型数字底座建立中的应用，并详述了中航勘察工程智慧平台在地质灾害智能监测分析中的集成与运用。在边坡岩土体影响区域及滑动带的识别方面，本章展示了 MobileNet 网络算法与 BMA 变点分析算法在实际工程中应用，验证了其在判定滑坡关键边界方面的有效性。结合第 5 章提到的多源数据融合边坡现状危险性评估分析，本章探讨了如何整合多源数据，构建以专家评价为指导的边坡易损性评估模型，并对比分析了专家评价指数的优势。最后，本章介绍了边坡监测数据时空分析与智慧预测的应用，并通过预测与实测的对比，验证了预测结果的准确性。结果表明，该工作流程可以很好地应用到各类基于多源异构数据的岩土体的识别、评估、预测中，具备良好的可拓展性。

参 考 文 献

[1] 施斌, 朱鸿鹄, 张诚成, 等. 岩土体灾变感知与应用[J]. 中国科学: 技术科学, 2023, 53(10): 1639-1651.

[2] 施斌, 朱鸿鹄, 张丹, 等. 从岩土体原位检测、探测、监测到感知[J]. 工程地质学报, 2022, 30(6): 1811-1818.

[3] 韩崇招, 朱洪艳. 多源信息融合[M]. 2 版. 北京: 清华大学出版社, 2010.

[4] 潘泉. 多源信息融合理论及应用[M]. 北京: 清华大学出版社, 2015.

[5] 陈思吉. 三维建模的多源数据融合算法研究[D]. 贵阳: 贵州大学, 2020.

[6] 李菲菲. 国内多源遥感数据融合研究综述[J]. 山西水土保持科技, 2008(2): 1-3.

[7] 李卫星, 王峰, 李智国, 等. 面向多源数据的军事信息系统设计[J]. 中国电子科学研究院学报, 2020, 15(3): 237-243.

[8] 李瑛, 颜廷龙. 航空大数据的融合及挖掘技术综述[J]. 航空计算技术, 2020, 50(6): 124-128.

[9] 牛凌宇. 多源遥感图像数据融合技术综述[J]. 空间电子技术, 2005, (1): 1-5+10.

[10] 祁友杰, 王琦. 多源数据融合算法综述[J]. 航天电子对抗, 2017, 33(6): 37-41.

[11] 姚雪梅. 多源数据融合的设备状态监测与智能诊断研究[D]. 贵阳: 贵州大学, 2018.

[12] 匡薇, 孙卫东, 常玲, 等. 合成孔径雷达遥感地质应用综述[J]. 西部资源, 2020(2): 141-143.

[13] 徐力群, 张国琛, 马泽锴. 土石堤坝隐患探测综合物探技术发展综述[J]. 地球物理学进展, 2022, 37(4): 1769-1779.

[14] 张鸣宇. 地空一体多源数据融合在历史建筑保护中的应用研究[D]. 昆明: 昆明理工大学, 2023.

[15] 宋炯, 杨煜坤, 任堃等. 3S 技术在地质灾害详细调查中的应用研究进展[J]. 科技资讯, 2023, 21(11): 140-144+179.

[16] 李宏璧, 李名川, 张贵科, 等. 基于新"3S"技术的大型水电工程库区滑坡识别方法研究[J]. 云南水力发电, 2022, 38(2): 60-63.

[17] 冉号楠. 基于多源数据融合的地质滑坡智能判识研究[D]. 北京: 北京邮电大学, 2021.

[18] Wang Haojie, Zhang Limin, Yin Kesheng, et al. Landslide identification using machine learning [J]. Geoscience Frontiers, 2020, 12(1): 351-364.

[19] Ziyu Jiang, Ming Wang, Kai Liu. Comparisons of Convolutional Neural Network and Other Machine Learning Methods in Landslide Susceptibility Assessment: A Case Study in Pingwu [J]. Remote Sensing, 2023, 15(3): 798.

[20] 蔡浩杰, 韩海辉, 张雨莲, 等. 基于地形特征融合的卷积神经网络滑坡识别[J]. 地球科学与环境学报, 2022, 44(3): 568-579.

[21] 尹常铭. 基于机器学习的滑坡易发性区划和滑坡快速识别研究[D]. 大连: 大连理工大学, 2022.

[22] 介玉新, 刘占奎, 郭政豪. 边坡滑动面构造的数学函数[J]. 水力发电学报, 2018, 37(2): 108-120.

[23] 介玉新, 谢琪, 周婷. 边坡滑动面构造的基函数[J]. 水力发电学报, 2020, 39(12): 16-24.

[24] 谭燕, 刘东泽, 卢应发. 禁忌遗传算法在边坡临界滑动面搜索中的应用[J]. 三峡大学学报 (自然科学版), 2020, 42(6): 40-44.

[25] 覃伟. 双重变异遗传算法及其在临界滑动面搜索中的应用[J]. 水文地质工程地质, 2021, 48(6): 161-170.

[26] 郭秀军, 贾永刚, 黄潇雨, 等. 利用高密度电阻率法确定滑坡面研究[J]. 岩石力学与工程学报, 2004(10): 1662-1669.

[27] 聂利超, 李术才, 刘斌, 等. 电阻率层析成像法探测滑坡面正演模拟与反演成像研究[J]. 岩土力学, 2011, 32(9): 2873-2879.

[28] 赵自豪. 露天矿高边坡地质灾害探测与边坡失稳风险评估[D]. 北京: 中国矿业大学 (北京), 2015.

[29] 周金全, 蔡向阳. 综合物探在地质滑坡灾害调查中的应用[J]. 能源技术与管理, 2021, 46(5): 137-140.

[30] Chambers J E, Wilkinson P. B., Kuras O, et al. Three-dimensional geophysical anatomy of an active landslide in Lias Group mudrocks, Cleveland Basin, UK [J]. Geomorphology, 2011, 125(4): 472-484.

[31] Uhlemann Sebastian, Chambers Jonathan, Wilkinson Paul, et al. Four-dimensional imaging of moisture dynamics during landslide reactivation [J]. Journal of Geophysical Research-Earth Surface, 2017, 122(1): 398-418.

[32] Chambers J E , Gunn D A, Wilkinson P B, et al. 4D electrical resistivity tomography monitoring of soil moisture dynamics in an operational railway embankment [J]. Near Surface Geophysics, 2014, 12(1): 61-72.

[33] Hibert Clement, Grandjean Gilles, Bitri Adnand, et al. Characterizing landslides through geophysical data fusion: Example of the La Valette landslide (France) [J]. Engineering Geology, 2012, 128: 23-29.

[34] 陈贺, 李亚军, 房锐, 等. 滑坡深部位移监测新技术及预警预报研究[J]. 岩石力学与工程学报, 2015, 34(S2): 4063-4070.

[35] 陈贺, 汤华, 葛修润, 等. 基于深部位移的蠕滑型滑坡预警指标及预警预报研究[J]. 岩石力学与工程学报, 2019, 38(S1): 3015-3024.

[36] 王凯, 张伟毅, 马飞等. 滑坡深部变形监测方法与应用探讨[J]. 地下空间与工程学报, 2015, 11(1): 204-209.

[37] 何满潮. 滑坡地质灾害远程监测预报系统及其工程应用[J]. 岩石力学与工程学报, 2009, 28(6): 1081-1090.

[38] 冯振, 金福喜, 龚裔芳. 红砂岩顺层边坡监测及变形破坏分析[J]. 岩石力学与工程学报, 2011, 30(S2): 4078-4086.

[39] 郭永兴. 基于光纤光栅的高陡边坡及危岩落石监测技术与应用研究[D]. 武汉: 武汉理工大学, 2014.

[40] 谭捍华, 傅鹤林. TDR 技术在公路边坡监测中的应用试验[J]. 岩土力学, 2010, 31(4): 1331-1336.

[41] 郭延辉, 黄友鹏, 张礼兵, 等. 基于深部位移的高原河谷区特大型滑坡预警预报研究[J]. 地质通报, 2024, 1-11 (待刊).

[42] 李伟, 王哲威. 基于平面和深部位移联合监测的滑坡精准勘察[J]. 路基工程, 2024(3): 207-212.

[43] 曹子君, 王宇, 区兆驹. 基于子集模拟的边坡可靠度分析方法研究[J]. 地下空间与工程学报, 2013, 9(2): 425-429+450.

[44] 胡安龙, 王孔伟, 邓华锋, 等. 基于贝叶斯的滑坡稳定性预测对比分析研究[J]. 灾害学, 2016, 31(3): 202-206+210.

[45] Guzzetti F, Reichenbach P, Ardizzone F, et al. Estimating the quality of landslide susceptibility models [J]. Geomorphology, 2006, 81(1-2): 166-184.

[46] Van Den Eeckhaut M, Marre A, Poesen J. Comparison of two landslide susceptibility assessments in the Champagne-Ardenne region (France) [J]. Geomorphology, 2010, 115(1-2): 141-155.

[47] Nichol J E, Shaker A, Wong M S. Application of high-resolution stereo satellite images to detailed landslide hazard assessment [J]. Geomorphology, 2006, 76(1-2): 68-75.

[48] Zhou G, Esaki T, Mitani Y, et al. Spatial probabilistic modeling of slope failure using an integrated GIS Monte Carlo simulation approach [J]. Engineering Geology, 2003, 68(3-4): 373-386.

[49] 李文娟, 邵海. 基于遥感影像多尺度分割与地质因子评价的滑坡易发性区划[J]. 中国地质灾害与防治学报, 2021, 32(2): 94-99.

[50] Pei T, Qiu T, Shen C P. Applying knowledge-guided machine learning to slope stability prediction [J]. Journal of Geotechnical and Geoenvironmental Engineering, 2023, 149(10): 04023089.

[51] Gantimurova Svetlana, Parshin Alexander, Erofeev Vladimir. GIS-based landslide susceptibility mapping of the Circum-Baikal Railway in Russia using UAV data [J]. Remote Sensing, 2021, 13(18): 3629.

[52] 蒋万钰. 基于贝叶斯概率的降雨数据稀缺山区滑坡预警模型研究[D]. 兰州: 兰州大学, 2022.

[53] 韩民赛, 刘岁海, 罗明, 等. 滑坡预测预报研究与进展[J]. 地质装备, 2023, 24(1): 22-26+39.

[54] 王念秦, 王永锋, 罗东海, 等. 中国滑坡预测预报研究综述[J]. 地质论评, 2008(3): 355-361.

[55] 许强, 黄润秋, 李秀珍. 滑坡时间预测预报研究进展[J]. 地球科学进展, 2004(3): 478-483.

[56] 高宁. 半参数 GM (1,1) 模型参数辨识及滑坡变形预测[J]. 辽宁工程技术大学学报 (自然科学版), 2016, 35 (3): 326-331.

[57] 韩舸, 龚威, 吴婷, 等. 利用粗糙集的滑坡分阶段位移预测方法——以白家包滑坡为例[J]. 吉林大学学报 (地球科学版), 2014, 44(3): 925-931.

[58] 李飞翱, 罗文强, 刘小珊, 等. 多元非平稳时间序列分析的滑坡变形预测研究[J]. 长江科学院院报, 2014, 31(4): 31-34.

[59] 马文涛. 基于灰色最小二乘支持向量机的边坡位移预测[J]. 岩土力学, 2010, 31(5): 1670-1674.

[60] 肖云, 李先福. 基于优化的灰色 GM 模型的滑坡预测[J]. 武汉工程大学学报, 2012, 34(1): 31-35.

[61] 黄润秋, 许强. 突变理论在工程地质中的应用[J]. 工程地质学报, 1993(1): 65-73.

[62] 刘军, 秦四清, 张倬元. 缓倾角层状岩体失稳的尖点突变模型研究[J]. 岩土工程学报, 2001(1): 42-44.

[63] 秦四清. 斜坡失稳的突变模型与混沌机制[J]. 岩石力学与工程学报, 2000(4): 486-492.

[64] 冯夏庭. 智能岩石力学导论[M]. 北京: 科学出版社, 2000.

[65] 石莉莉, 乔建平. 基于 GIS 和贡献权重迭加方法的区域滑坡灾害易损性评价[J]. 灾害学, 2009, 24(3): 46-50.

[66] 殷坤龙, 张桂荣, 龚日祥, 等. WebGIS 在浙江省地质灾害预测预报及信息发布中的应用[J]. 水文地质工程地质, 2003, (S1): 13-17.

[67] 殷坤龙, 张桂荣, 龚日祥, 等. 基于 WebGIS 的浙江省地质灾害实时预警预报系统设计[J]. 水文地质工程地质, 2003(3): 19-23.

[68] 张永兴, 陈云, 文海家, 等. 边坡灾害风险评估系统研究及应用[J]. 重庆建筑大学学报, 2008(1): 30-33.

[69] 吴益平, 李亚伟. 灰色-进化神经网络模型在深埋隧道围岩变形预测中的应用[J]. 岩土力学, 2008, 29(S1): 263-266.

[70] 张俊, 殷坤龙, 王佳佳, 等. 基于时间序列与 PSO-SVR 耦合模型的白水河滑坡位移预测研究[J]. 岩石力学与工程学报, 2015, 34(2): 382-391.

[71] 杨石飞. 岩土工程数字化应用[M]. 北京: 中国建筑工业出版社, 2024.

[72] 马洪连, 丁男. 物联网感知、识别与控制技术[M]. 北京: 清华大学出版社, 2017.

[73] 张文宇. 知识发现与智能决策[M]. 北京: 科学出版社, 2014.

[74] Jong S C, Ong D E L, Oh E. State-of-the-art review of geotechnical-driven artificial intelligence techniques in underground soil-structure interaction [J]. Tunnelling and Underground Space Technology, 2021, 113: 103946.

[75] 杨柯. 基于深度学习算法的滑坡图像快速检测与识别[D]. 西安: 长安大学, 2022.

[76] 高秉海, 何毅, 张立峰, 等. 顾及 In SAR 形变的 CNN 滑坡易发性动态评估——以刘家峡水库区域为例[J]. 岩石力学与工程学报, 2023, 42(2): 450-465.

[77] Sandler Mark, Howard Andrew, Zhu Menglong, et al. MobileNetV2: Inverted Residuals and Linear Bottlenecks [M]. CVPR. 2018: 4510-4520.

[78] Chen L C, Zhu Y, Papandreou G, et al. Encoder-Decoder with Atrous Separable Convolution for Semantic Image Segmentation [C]//European Conference on Computer Vision. Springer, Cham, 2018.

[79] 曾超, 曹振宇, 苏凤环. 四川及周边滑坡泥石流灾害高精度航空影像及解译数据集 (2008—2020 年) [J]. 中国科学数据, 2022, 7(2): 22-1-22-11.

[80] Adams, Ryan Prescott, MacKay, David J C. Bayesian online chagepoint detection [J]. arXiv.org, 2007.

[81] Tartakovsky Alexander. Sequential analysis: Hypothesis testing and changepoint detection [M]. CRC Press, 2015.

[82] Li Jing, Li Zhao-Liang, Wu Hua, et al. Trend, seasonality, and abrupt change detection method for land surface temperature time-series analysis: Evaluation and improvement [J]. Remote Sensing of Environment, 2022, 280: 113222.

[83] Zhao Kaiguang, Wulder Michael A, Hu Tongxi. Detecting change-point, trend, and seasonality in satellite time series data to track abrupt changes and nonlinear dynamics: A Bayesian ensemble algorithm [J]. Remote Sensing of Environment, 2019, 232: 111181.

[84] 许强, 彭大雷, 何朝阳, 等. 突发型黄土滑坡监测预警理论方法研究——以甘肃黑方台为例[J]. 工程地质学报, 2020, 28(1): 111-121.

[85] Wang Shuhong, Zhang Zishan, Ren Yipeng, et al. UAV Photogrammetry and AFSA-Elman Neural Network in Slopes Displacement Monitoring and Forecasting [J]. Ksce Journal of Civil Engineering, 2019, 24(2): 19-29.

[86] 张紫杉, 李建光, 刘欣, 等. 基于 O-K 算法的边坡位移时空演化规律研究[J]. 水利与建筑工程学报, 2023, 21(1): 97-103.

[87] 张紫杉, 李建光, 刘欣, 等. 基于自动化监测系统的滑坡多源数据综合分析[J]. 工程勘察, 2023(10): 1-6.